COLEÇÃO
PROJETO DIAMANTE BRUTO
LIVROS CRISTÃOS

Agradeço a Deus, o Pai e meu Senhor e Salvador Jesus Cristo, por todo bem que Deus tem feito por mim. Agradeço ao Deus que me criou e que me salvou. Agradeço ao meu Deus que me remirá de todas as minhas maldades. Agradeço a Deus pelo sangue do Cordeiro que foi derramado na cruz do Calvário, e pelo Espírito Santo que foi enviado. Agradeço a Deus por sua maravilhosa graça e por sua misericórdia.

Agradeço a Deus por sua bondade e por sua fidelidade. Agradeço a Deus pelo seu amor e pela sua justiça. Agradeço a Deus por sua benignidade e por sua benevolência. Agradeço a Deus por sua paciência e por sua longanimidade. Graças a Deus, graças ao único Deus eterno, bendito e verdadeiro. Agradeço a Deus, a Deus somente.

A Deus seja o domínio, o louvor e a glória para sempre. Amém.

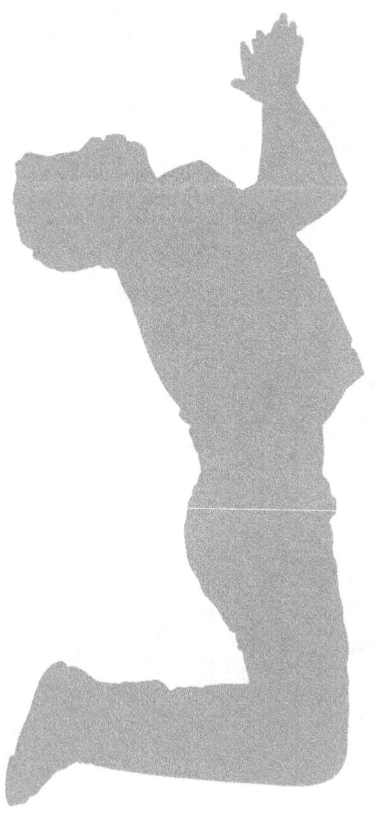

FRANCISCO EDSON DA ROCHA
COOPERADOR FRANCISCO
Nº Registro: 884.691 Livro: 1724 Folha: 412
NÃO É DE PRAXE

NÃO É DE PRAXE.
Um pouco incomum.
Não é de praxe.
COOPERADOR FRANCISCO
"TRABALHADOR DA ÚLTIMA HORA"

Carta à editora: Ribeirão Preto — SP, ano 2025 d.C.

"Como eu poderia trocar a glória de Deus pela glória do mundo? Como eu poderia trocar uma fonte de água limpa e cristalina por uma fossa de esgoto imunda? Como eu poderia trocar a vida eterna pela morte eterna? Como não dar glória a Deus?"

De Francisco Edson da Rocha (Cooperador Francisco), para a editora que certamente foi edificada pelo Senhor — pois Deus é quem estabelece e edifica todas as coisas —, saudações. Que o nosso Deus nos abençoe.

"Não por força, mas pelo Espírito; por amor, para a glória de Deus, para a edificação da igreja e para a salvação dos que estão se perdendo e precisam ser salvos. Não por ganância, nem por inveja, nem para buscar a glória e a honra que vêm dos homens."

Estou enviando o meu testemunho para ser analisado, e é claro que eu também almejo ser publicado. Se Deus quiser, eu serei. Minha esperança está firme em Deus; não vou desistir, continuarei buscando o Senhor, continuarei sonhando em alcançar a sua glória.

Com que mais eu sonharia? Eu só quero servir ao meu Deus e cooperar com Ele em sua obra, conforme a sua vontade. Sinto que o Senhor me moveu a escrever novamente, e aqui estou, pela graça de Deus. Sem o auxílio do meu Senhor, eu nada poderia fazer. Só estou enviando este livro porque foi a vontade de Deus, e não a minha.

Porque nem eu mesmo compreendo o que Deus fez, mas Ele me mostrou um caminho, e eu fiz o que Ele me moveu a fazer. Se o Senhor pretende alcançar alguém através deste meu testemunho, então que assim seja. Ficarei feliz em ser útil ao Senhor. Este livro, para mim, foi um desabafo; mas sinto que Deus quer fazer algo através deste meu desabafo. Deus sabe o que faz. Eu sou apenas uma ferramenta — a menor de todas as suas ferramentas — e a mais indigna e incapaz.

Que Deus esteja à frente deste projeto e que Ele seja o mediador entre nós, segundo a sua boa vontade, que não pode ser frustrada.

Que a boa mão de Deus esteja sobre nós. Obrigado pelo seu tempo.

Jesus Cristo em breve voltará. Estejamos atentos.

E que Deus seja sempre louvado!

SUMÁRIO

Apresentação - 09

Capítulo 01 - Esse é o lamento, e como lamento servirá. 11

Capítulo 02 - Não é de praxe. 17

Capítulo 03 - Era uma vez. 25

Capítulo 04 - Só cacos, só o pó, o pó com a boca no pó. 33

Capítulo 05 - Só cacos, só o pó... Parte 02 41

Capítulo 06 - Só cacos, só o pó... Parte 03 51

Capítulo 07 - Coração Partido. 57

Capítulo 08 - Vaidade de vaidades, tudo é vaidade. 65

Capítulo 09 - Vaidade de vaidades... Parte 02 77

Capítulo 10 - Vaidade de vaidades... Parte 03 87

Capítulo 11 - Sonhos. 95

Capítulo 12 - Caçadores de escândalos. 105

Capítulo 13 - Nos bastidores. 113

Capítulo 14 - Eu estava lá. 121

Capítulo 15 - Um entre os muitos cânticos de Sião. 129

Capítulo 16 - Para os céticos. 133

Capítulo 17 - O bem estampado sobre a face do mal. 137

Capítulo 18 - O poeta e o profeta. 145

Capítulo 19 - O Descendente. 155

Capítulo 20 - Ao cheiro das águas. 161

Apresentação

São poucas as palavras: Aqui diz o insensato, que, por não ter sido íntegro, pecou e cometeu muitas abominações. *"Pequei contra ti, contra ti somente, e fiz o que é mau perante os teus olhos..."* (Sl 51:4)

Por isso, o meu cântico cessou, juntamente com a voz de júbilo.

Com isso, o que sobrou? Restaram somente as feridas.

Como um carro desgovernado e sem freio, assim fui eu: longe do Senhor, sem a direção de Deus. Agi loucamente, quebrei a aliança e profanei o templo.

Eu, o cooperador, que não é digno de ser chamado de cooperador; um miserável pecador, indigno do ar que respira, indigno do sopro da vida.

Porque o bem que eu quero fazer, eu não faço; mas sim o mal que detesto.

Desventurado homem que sou! Quem me livrará deste corpo de pecado?

É por causa da minha insensatez que eu coloco a minha boca no pó para me humilhar. Não se escandalize com isso, porque assim me convém me humilhar diante do Senhor; pois a vergonha e a humilhação pertencem a mim, que sou mau, fraco e falho. Mas a justiça, a misericórdia e o perdão pertencem ao Senhor. *"A ti, ó Senhor, pertence a justiça; mas a nós, a vergonha..."* (Dn 9:7)

Mas eu agradeço a Deus, o Pai, e ao Senhor Jesus Cristo, ao Espírito Consolador que pairava por sobre as águas e que hoje anda no meio da igreja, assim como no passado andava pelo jardim do Éden.

O meu Criador e o meu Salvador, que disse: *"Façamos o homem à nossa imagem, conforme a nossa semelhança..."* (Gn 1:26)

O Autor da vida; aquele que, em meio aos tormentos da cruz, disse:

"Pai, perdoa-lhes, porque não sabem o que fazem." (Lc 23:34)

Sim, o grande Eu Sou; o Verbo da Vida e a única e verdadeira Fonte da vida.

O Deus Altíssimo e Todo-Poderoso: *"de quem não sou digno de desamarrar as correias das sandálias."* (Jo 1:27)

A Ele eu me rendo, confesso os meus pecados, me arrependo e lamento; lamento ser o que sou, lamento ter errado tanto. Não me orgulho dos meus pecados, nem me congratulo com os meus erros, nem com as minhas maldades. Porque eu preciso do Senhor tanto quanto preciso do ar que respiro.

"Pois nele vivemos, nos movemos e existimos..." (At 17:28)

Não posso mais me dar ao luxo de pecar, porque o meu cálice já transbordou de tantos pecados. Com Deus não se brinca; de Deus, não se zomba.

Estou fugindo da Babilônia, voltando para o caminho que me leva ao monte Sião, correndo para os braços do Pai. Sou pobre e necessitado. Deus meu, não me rejeite nem me desampare, porque tu és o meu Senhor, e eu sou o teu servo. Sem mais delongas, comecemos...

Capítulo 01

Esse é o lamento, e
como lamento servirá.

"Ele tomou nota dos meus pecados, amarrou-os todos juntos, pendurou-os no meu pescoço, e o peso deles acabou com as minhas forças. O Senhor me entregou aos meus inimigos, e eu não fui capaz de resistir." (Lm 1:14)

Sou só lamentos; da minha boca só saem lamentações; os meus olhos só enxergam frustrações, porque, na verdade, o meu estado é lamentável. *"Esse é o lamento, e como lamento servirá."* (Ez 19:14)

Lamento pelos meus pecados; lamento pela minha maldade; lamento pelos meus defeitos; lamento pela minha imperfeição; lamento pela minha vaidade; lamento pelo meu egoísmo; lamento pela minha ingratidão; lamento pelo bem que eu poderia ter feito, mas não fiz; lamento pelo mal que eu poderia ter evitado, mas não evitei; lamento pela minha pequena fé; lamento pela minha falta de amor; lamento pelas vezes que não dei ao Senhor a devida honra e o devido louvor; e lamento pelas vezes que fui indiferente; lamento ser o que sou. *"Ó Senhor, tem compaixão de mim, pois estou angustiado; meus olhos, minha alma e meu corpo se consomem de tristeza. Pois minha vida é consumida pela angústia, e meus anos, pelos gemidos; minha força desfalece, e meus ossos se consomem em razão da minha culpa."* (Sl 31:9,10)

Às vezes tenho medo, mas o medo não é bom, porque ninguém pode viver o tempo todo com medo. Tenho medo de falhar novamente; tenho medo de não conseguir perseverar até o fim. Confio no Senhor, porém não confio em mim mesmo. Lamento pelo meu medo; lamento por não poder confiar em mim mesmo. Mas vou lançar os meus medos para bem longe e vou colocar a minha vida nas mãos de Deus, aos cuidados do Senhor; porque até posso não confiar em mim, mas confio que o Senhor cuidará de mim. Percebi uma coisa: quanto mais feliz eu estou, mais infantil eu me torno, e mais fútil se torna o meu comportamento. Reparei na vida das pessoas que estão de bem com a vida, principalmente dos famosos e daqueles que estão prosperando.

Eles são superficiais, são fúteis, são como crianças adultas.

Então percebi que tudo que é excessivo é prejudicial, até mesmo a alegria; tratando-se da carne, até as boas virtudes corrompem.

Eu sei que Jesus chorou, mas não sei se Ele deu risadas.

Verdade seja dita: é melhor ser um sábio triste do que um tolo alegre.

Não estou dizendo que sou sábio, porque eu sei que não sou sábio.

Por isso, Deus permite a dor e o sofrimento, a tristeza e a frustração, para que nós venhamos a nos tornar pessoas melhores.

Eu quero ser uma pessoa melhor, por isso continuarei me humilhando e me lamentando diante do Senhor, buscando por Sua misericórdia, para que assim eu consiga alcançar Sua glória transformadora. Porque é a glória de Deus que nos transforma em almas melhores. Continuarei buscando o meu Senhor e Salvador, continuarei buscando Sua glória, para que Cristo cresça e seja formado em mim. *"E todos nós, com o rosto desvendado, contemplando, como por espelho, a glória do Senhor, somos transformados, de glória em glória, na Sua própria imagem, como pelo Senhor, o Espírito."* (2Co 3:18)

Há esperança pra mim, sim, há esperança para todos — para todas as almas que têm fôlego de vida debaixo do sol, na terra dos viventes.

Pois quem está de pé pode cair, e quem está caído pode se levantar.

Hoje eu sou só lamento, mas amanhã eu posso ser júbilo. *"O choro pode durar uma noite, mas o cântico de júbilo vem pela manhã."* (Sl 30:5)

Porque Deus é maravilhoso, por isso eu creio que ainda celebrarei, louvarei, adorarei e exaltarei o Deus santo e eterno. *"Por que estás abatida, ó minha alma? Por que te perturbas dentro de mim? Espera em Deus, pois ainda o louvarei, a Ele, meu auxílio e Deus meu."* (Sl 42:11)

Quero cantar um cântico novo, quero dançar em Sua presença, quero cair de joelhos aos Seus pés, quero beijar Seus pés, lavá-los com minhas lágrimas e enxugá-los com meus cabelos. Quero continuar buscando, continuar me humilhando, continuar me lamentando pelos meus erros e pelos meus pecados. Não me importo com o que os santos do pau oco irão pensar a meu respeito. Quero continuar buscando a graça redentora do Senhor, pois, pela misericórdia de Deus, eu sei que serei consolado. — *Espero a Tua salvação, meu Deus. Não me rejeite, nem me lance para longe da Tua presença, porque o Senhor é a minha vida.*

O Senhor é o meu amparo e o meu refúgio, o Senhor é o meu ar, a minha água, o meu alimento; o Senhor é a minha força, a minha vitória, a minha riqueza e a minha glória. Compadece-te do teu servo. Não me negue o Teu favor e a Tua salvação, nem retire de mim a Tua bondade e o Teu amor. Ó Deus bendito, Deus eterno, Deus forte, Deus soberano, Deus tremendo, Deus grandioso, Deus maravilhoso, Deus sublime, eu me derramo diante de Ti. Compadece-Te de mim, porque sou fraco, sou pó, sou irrelevante, sou um verme inútil rastejando sobre a face da terra.

Não tenho nada para Te oferecer, porque sou pobre e necessitado, o mais indigno de todos os Teus filhos.

Não sou digno de recebê-Lo em minha casa, mas Te peço, por favor, por amor do Teu santo Nome, entra na minha casa e ilumina os cômodos escuros com a Tua luz. Quero me assentar à mesa com o Senhor para cear. Quero me santificar na Tua santidade e me purificar na Tua pureza; me fortalecer na Tua força e me embriagar com o Teu amor. Meu Senhor e meu Deus, Pai, e meu Senhor e Salvador Jesus Cristo, tem compaixão de mim, perdoa os meus erros e os meus pecados, pois eu confio no Senhor e espero no Senhor, meu Deus e me Redentor. Amém.

Grande é a Sua bondade e a Sua fidelidade! *"Feliz aqueles cujas maldades Deus perdoa e cujos pecados Ele apaga! Feliz aquele que o Senhor Deus não acusa de fazer coisas más e que não age com falsidade! Enquanto não confessei o meu pecado, eu me cansava, chorando o dia inteiro. De dia e de noite, Tu me castigaste, ó Deus, e as minhas forças se acabaram como o sereno que seca no calor do verão. Então eu Te confessei o meu pecado e não escondi a minha maldade. Resolvi confessar tudo a Ti, e Tu perdoaste todos os meus pecados."* (Sl 32:1-5)

Deus seja louvado, Deus seja glorificado, Deus seja enaltecido, Deus seja engrandecido, Deus seja exaltado para sempre. Aleluia.

Todos nós, seres humanos, erramos muito — inclusive os cristãos.

Não há homem que não peque, pois o pecado habita em nós.

Mas há erros que cometemos que não serão cobrados nesta vida, neste tempo de graça; erros que ficarão guardados para o dia do tribunal de Cristo. E, quando chegar o tempo do juízo, no dia do tribunal de Cristo, todos os erros que nós cometemos e que passam despercebidos aos nossos olhos, que nós não consideramos ser errados, naquele dia serão revelados e cobrados. Por isso, tema e trema.

Por isso eu temo e tremo, porque sei que sou um homem mau e imperfeito, lamentavelmente. E isso me deixa muito frustrado.

"Por isso, não calarei a boca e falarei da angústia do meu espírito; eu me queixarei da amargura da minha alma." (Jó 7:11)

Por isso, continuarei me humilhando diante do Senhor, meu Deus; continuarei me lamentando pelos meus inumeráveis e grandes erros.

"E me humilharei ainda mais diante dele." (2Sm 6:22)

E no dia do justo tribunal de Cristo, ainda estarei disposto a me humilhar e me lamentar muito mais diante do meu Rei — o Justo Juiz.

Grande é o meu lamento. Esse foi o meu lamento.

E como lamento há de servir, por enquanto.

Pois ainda mais me lamentarei pela minha fraqueza, pela minha impureza, pela minha insensatez, pelos meus pecados, pela minha infidelidade, pela minha maldade, pela minha malícia e pela minha cobiça. Em mim não há nada de bom, e nada de bom eu tenho feito.

Me sinto pesado, me sinto quebrado, estou fraco e cansado, estou desanimado e frustrado; mas não são os demônios — são os meus próprios erros e pecados pesando sobre mim, como um jugo pesado.

O peso da minha culpa me aflige, e os meus muitos pecados me assombram; os meus pecados estão diante de mim o tempo todo.

Meu coração está partido. Eu sou um vaso em pedaços.

Como eu sou fraco! Como eu sou falho! Como eu sou mau!

Por isso, continuarei me lamentando e me humilhando diante do meu Deus; continuarei buscando a Sua misericórdia e a Sua graça.

Mas, para muitos, isso não é de praxe.

Capítulo 02

Não é de praxe.

Eu escolhi ter somente o Senhor Jesus por meu Pastor, meu Mestre e meu Conselheiro, e isso é uma questão de fé — não é de praxe.

De fato, as coisas que eu falo quebram a rotina cristã; não são algo que a igreja está acostumada a ouvir e a ler nos muitos livros cristãos.

De fato, a mensagem que eu tento passar não é de praxe.

Por isso, este meu projeto pode ser promissor, como também pode ser um fracasso total; porque a minha mensagem, embora tosca, é um pouco fora do comum no meio cristão. Não é de praxe, não é algo que se ouve sempre, é diferente de tudo. Por acaso estou me vangloriando?

Não. Eu sei que nada sou. Só estou dizendo que a minha mensagem não é algo que os cristãos modernos estão habituados a ouvir por outros pregadores — principalmente nos dias atuais. Comparadas às mensagens dos falsos profetas, a minha mensagem não é de praxe.

Porque a minha intenção é mostrar para as pessoas o quanto uma vida pecaminosa pode ser destrutiva. Não estou falando às pessoas do mundo; estou falando à igreja e ao povo eleito — isto é, aos cristãos.

Porque o que mais se vê nas igrejas são almas aflitas, fracas, angustiadas, doentes e necessitadas — e a causa de tudo isso é o pecado. Muitos pregadores por aí não tocam mais nesse assunto, mas enchem o coração do povo com falsas promessas. E, com isso, curam as feridas do povo superficialmente, com suas ilusões, enganos e mentiras.

Profetizam bênçãos quando não há bênçãos, se houver pecado.

Como os falsos profetas do passado, que, com suas falsas profecias, fizeram o povo de Israel pecar e se perder.

"Veio a mim a palavra do SENHOR, dizendo: Filho do homem, dize-lhe: Tu és terra que não está purificada e que não tem chuva no dia da indignação. Conspiração dos seus profetas há no meio dela; como um leão que ruge, que arrebata a presa, assim eles devoram as almas; tesouros e coisas preciosas tomam, multiplicam suas viúvas no meio dela. Os seus sacerdotes transgridem a minha lei e profanam as minhas coisas santas; entre o santo e o profano não fazem diferença, nem discernem o imundo do limpo, e dos meus sábados escondem os olhos; e, assim, sou profanado no meio deles. [...] Os seus profetas lhes encobrem isto com cal, por visões falsas, predizendo mentiras e dizendo: 'Assim diz o SENHOR Deus', sem que o SENHOR tenha falado. Contra o povo da terra praticam extorsão, andam roubando, fazem violência ao aflito e ao necessitado e ao estrangeiro oprimem sem razão. [...]

Por isso, eu derramei sobre eles a minha indignação, com o fogo do meu furor os consumi; fiz cair-lhes sobre a cabeça o castigo do seu procedimento, diz o Senhor Deus." (Ez 22:23,24,25,26,28,29,31)

Mas eu digo a verdade quando afirmo que sou mau e pecador; não sou bom nem perfeito, infelizmente. Porque os meus pecados, de um passado não muito distante, prejudicaram demais a minha vida.

Eu já disse uma vez e volto a repetir: — *Quão maravilhosa teria sido a minha vida debaixo do sol, se eu não tivesse pecado tanto.*

É isso que eu tento passar para as pessoas: quem quiser ter uma vida abençoada e feliz na presença de Deus, não cometa tantos pecados, mas se preocupe em viver em pureza e santidade. *"Portanto, aquele que sabe que deve fazer o bem e não o faz, comete pecado."* (Tg 4:17)

Procure plantar coisas boas para colher coisas boas; fuja do pecado e não satisfaça as tuas vontades carnais, mas busque fazer a vontade de Deus, andando na direção do Espírito Santo. É simples, simples assim.

Não será uma profecia ou uma revelação dita por um pregador que vai mudar a tua vida. O que vai mudar a tua vida é a tua fé em Deus, é o teu amor para com Deus e para com o teu próximo; a tua fidelidade, a tua sinceridade, a tua integridade, o teu temor, a tua santidade e a tua retidão. Serão os teus bons frutos e as tuas boas obras, diante de Deus, que farão toda a diferença em sua vida. Vou dar um exemplo: vamos supor que eu estou na igreja, mas estou em adultério; só eu sei disso, e mais ninguém, senão Deus. Então vem um pregador famoso, metido a profeta, e lota a igreja onde eu congrego. Quando o pregador sobe ao púlpito, o culto começa. Então, esse mesmo pregador me vê no meio do povo, buscando o Senhor. Ele me avista, me analisa, aponta para mim, faz um teatro e diz: — *O Senhor está me mostrando que você será uma bênção. Eu vejo uma coroa de ouro sobre a tua cabeça. Eu vejo uma chave e uma porta, e, atrás dessa porta, há um tesouro cheio de pedras preciosas. Eis que eu te dou a chave para abrir essa porta. Não temas, meu servo, pois eu estou contigo! Você será um homem muito próspero.*

Ouvindo isso, o povo dá glória a Deus; mas, na verdade, quem recebe o louvor e a glória é o pregador. Isso é típico dos falsos profetas.

Ele me engana e me ilude com suas mentiras, mas não me revela que eu estou em pecado; isso porque não foi o Senhor que enviou a sua Palavra — é tudo mentira do profeta, tudo para sua própria glória.

Porque é disto que eles gostam: do louvor do povo e de dinheiro.

Acha mesmo que serei uma bênção, mesmo estando em adultério, traindo minha esposa com uma amante e fazendo o que é mau aos olhos do Senhor? É claro que não, não mesmo; ele prega meras ilusões.

Essa profecia foi uma grande mentira e uma grande fraude.

Porque Deus não vai me encher de bênçãos se eu estiver no erro, vivendo uma vida devassa; neste caso, não haverá bênção, e sim maldição — isso se eu não me arrepender dos meus erros.

Mas há pessoas que, mesmo estando em pecado, fazendo o que é mau aos olhos do Senhor, acreditam nesse tipo de profecia mentirosa.

Elas acreditam que Deus está mesmo com elas — para abençoá-las, mesmo que estejam no erro e no pecado; por isso, não se consertam com Deus. Porque, na verdade, a maioria das pessoas gosta de ilusão.

Mas eu não posso colher o bem plantando o mal.

Mas, se eu fizer a vontade de Deus, certamente serei abençoado, sem precisar que nenhum homem profetize mentiras sobre a minha vida.

Porque, infelizmente, os falsos profetas estão em maior número — são poucos os verdadeiros profetas. É isso que a Palavra de Deus nos revela: *"Disse mais Josafá ao rei de Israel: Consulta primeiro a palavra do SENHOR. Então, o rei de Israel ajuntou os profetas, cerca de quatrocentos homens, e lhes disse: Irei à peleja contra Ramote-Gileade ou deixarei de ir? Eles disseram: Sobe, porque o SENHOR a entregará nas mãos do rei. Disse, porém, Josafá: Não há aqui ainda algum profeta do SENHOR para o consultarmos? Respondeu o rei de Israel a Josafá: Há um ainda, pelo qual se pode consultar o SENHOR; porém eu o aborreço, porque nunca profetiza de mim o que é bom, mas somente o que é mau. Este é Micaías, filho de Inlá."* (1Rs 22:5-8)

Deu pra perceber o que aconteceu? Viu como são as coisas?

No meio de quatrocentos profetas, apenas um profeta era verdadeiro — Micaías, filho de Inlá. E, por ser um verdadeiro servo de Deus, um profeta, ele não era aceito pelo rei de Israel; porque ele profetizava a verdade, e o rei de Israel, que fazia o que era mau aos olhos do Senhor, não gostava nada de ouvir essas verdades. Mas os quatrocentos profetas bajulavam o rei Acabe, rei de Israel, enchendo o coração do rei de ilusão. Porque os falsos profetas profetizavam dizendo que Israel venceria a batalha contra os siros, mas profetizavam mentiras, porque não era o Senhor quem falava por meio deles. Todavia, os falsos profetas continuavam profetizando — ou melhor dizendo, iludindo.

"E todos os profetas profetizavam diante deles. Zedequias, filho de Quenaana, fez para si uns chifres de ferro e disse: Assim diz o SENHOR: Com este escornearás os siros até de todo os consumir. Todos os profetas profetizavam assim, dizendo: Sobe a Ramote-Gileade e triunfarás, porque o SENHOR a entregará nas mãos do rei." (1Rs 22:10-12)

Mas quem conhece a história sabe que Israel perdeu a batalha, e o rei Acabe acabou morrendo naquela batalha — tudo ao contrário do que os falsos profetas disseram. Contudo, Micaías, o único profeta fiel e verdadeiro entre os quatrocentos profetas que ali estavam, disse:

"Então, disse ele: Vi todo o Israel disperso pelos montes, como ovelhas que não têm pastor; e disse o SENHOR: Estes não têm dono; torne cada um em paz para a sua casa. [...] Eis que o SENHOR pôs o espírito mentiroso na boca de todos estes teus profetas, e o SENHOR falou o que é mau contra ti. [...] Disse Micaías: Se voltares em paz, não falou o SENHOR, na verdade, por mim." (1Rs 22:17,23,28)

Micaías profetizou a verdade ao rei, mas o rei Acabe, rei de Israel, não queria ouvir a verdade — ele queria ouvir coisas agradáveis.

Mas os falsos profetas falaram o que o rei queria ouvir, e o rei foi na onda dos falsos profetas. Por isso, o rei acabou morrendo na guerra.

Este é o final de todos os que preferem a mentira em vez da verdade.

Mas não são poucos os que trocam a unção pelo cifrão, o falso pelo honesto, a mentira pela verdade, a vida pela morte e a paz pela guerra.

Mas o pior de tudo é que os falsos profetas são a maioria.

Por isso, eu tomo muito cuidado com as profecias que ouço por aí, pois a maioria delas é duvidosa — falo das falsas profecias dos falsos profetas. Pois o verdadeiro profeta é uma joia rara (mas eles existem).

Não, eu não deposito minha esperança em nenhuma profecia dita por esses tais profetas que há por aí, porque — quem vai saber se eles estão falando a verdade? Pra mim, é irrelevante. Tanto faz se for verdade ou mentira; se vai acontecer ou se não vai acontecer.

Porque o que importa é andar na presença de Deus em retidão, de acordo com a Sua Palavra. É isso que vai me dar vitória em Cristo: andar na fé e no amor, na Palavra de Deus e no Espírito Santo.

Mas é claro que também existe o verdadeiro profeta e a verdadeira profecia; mas, infelizmente, eles são a minoria — são como joias raras.

Atualmente, não é de praxe você ouvir uma profecia verdadeira ou encontrar um profeta verdadeiro — pelo contrário, isso é muito raro.

Particularmente, eu fico com a pulga atrás da orelha, porque muitos por aí são movidos pela ganância e só querem receber a glória que vem dos homens. Mas grande parte do povo gosta da mentira e da ilusão.

Não é de praxe alguém gostar de ouvir a verdade quando ela dói; por isso, muitos preferem ouvir a mentira — para eles, é muito mais satisfatório. Mas, pra mim, doa o que doer, eu quero a verdade, somente a verdade, e nada mais do que a verdade; porque é a verdade que realmente liberta. Sim, somente a verdade pode realmente salvar.

Por isso, é de praxe as pessoas me criticarem, e não é de praxe alguém me elogiar. Mas quem disse que eu quero receber elogios dos homens?

Longe de mim tamanha maldade!

Eu busco a glória de Deus, e não a glória dos homens.

Muitos se vangloriam em si mesmos, mas não é de praxe eu me vangloriar — só estou sendo sincero. Não me vanglorio porque sei que sou fraco, falho e mau. Mas isto sim é de praxe: eu me humilhando constantemente diante do meu Deus, me lamentando e buscando a Sua salvação, a Sua graça e a Sua misericórdia. De fato, isso sim é de praxe.

Deus é bom o tempo todo, o dia todo, todo dia. Por isso, não é de praxe que eu me exalte diante dEle, mas é de praxe que eu me humilhe.

E, se alguma pessoa vier a mim com a intenção de ouvir palavras agradáveis de vitória, como o rei de Israel, eu digo a ela que, da minha parte, isso não é de praxe. Porque, longe de mim ser um bajulador.

Quer ouvir coisas agradáveis que satisfaçam o seu ego?

É muito fácil: vá até os livros de autoajuda e os devore — e assim continue se iludindo ao se enaltecer. Continue se iludindo, achando que é, sem realmente ser. Deu pra notar que não sou muito sociável.

Não que eu não ame as pessoas — eu amo as pessoas.

Mas é assim que sou. Não vou mudar para agradar os homens.

Será que eu devo mudar para agradar os homens?

Como se eu devesse algo aos homens?

Não. A minha dívida é com Deus, e o meu propósito é buscar agradar ao meu Deus. Mas, de fato, estou começando a acreditar que sou um caso à parte, e ninguém me compreende senão o Senhor Jesus.

E ser um caso à parte não é de praxe.

Capítulo 03

Era uma vez.

Era uma vez um jovem fraco, tímido e medroso.

Um jovem sonhador que sonhava alto demais, que sonhava em ir para a Copa do Mundo jogar pela seleção brasileira. Mas ele não era um bom jogador, pois não conseguia correr como os outros jogadores.

Ele era um sonhador cheio de ilusão, porque também sonhava em ser um cantor famoso, mas não tinha talento para cantar, não tinha uma boa aparência, não tinha uma boa voz, não sabia se comunicar.

Enfim, ele não tinha os requisitos básicos para ser uma celebridade.

Mas esse jovem se apaixonou por um estilo de música chamado rap, e assim o rap foi a grande paixão da sua mocidade. Então o jovem decidiu que seria um cantor de rap e começou a compor algumas letras.

Formou a banda de rap com mais um jovem, que era o seu melhor amigo; depois completou a banda convidando mais dois jovens.

Então começaram a ensaiar e a sonhar com o sucesso.

O jovem ensaiava todo final de semana com seus parceiros, e ele mesmo é quem compunha as letras das músicas. Não sei como ele conseguia compor as músicas, porque, quando era criança, ele não gostava de ir para a escola; preferia ficar na rua empinando pipa ou jogando bolinha de gude. Por isso, ele estudou só até a quinta série.

Mas é claro que as músicas daquele jovem não eram tão boas a ponto de se tornarem um hit. Mas eles conseguiram gravar duas músicas e entraram para uma coletânea de rap, gravando assim o seu primeiro CD. Então os sonhos começaram a fluir na mente daquele jovem, e por algum tempo ele pensou que poderia alcançar o sucesso.

Mas aquele jovem não era muito aceito pelas outras bandas e cantores de rap. Ele era discriminado, pois não tinha o estilo de um cantor de rap — isto é, não tinha o perfil nem a atitude de um rapper.

Ele não era um jovem muito influente, por isso sofria preconceito.

Ele se sentia como um estranho no ninho; sua carreira não era nada promissora no meio daquela cultura hip-hop. Mas ele continuou com sua banda, mesmo sabendo que era discriminado, pois o seu sonho era maior do que o preconceito que sofria. E assim ele seguiu em frente com o seu sonho e chegou a gravar um CD solo com a sua banda.

Com isso, ele calou a boca de muitos manos que o discriminavam, de rappers que desacreditavam dele, e de muitos que não o respeitavam, mas que passaram a respeitá-lo — depois que viram do que ele era capaz. E isso foi bom para elevar um pouco a sua baixa autoestima.

Entretanto, o seu trabalho não repercutiu da forma que ele sonhava, pois o CD que ele gravou foi um fiasco, vendendo apenas algumas poucas cópias; e, com isso, o seu castelo de areia desabou. Nenhuma de suas músicas foi bem-sucedida, por isso quase não havia shows para fazer, e, sem shows, não havia dinheiro para suprir suas vaidades.

Por isso, ele desistiu e deixou a banda, que, com o tempo, também deixou de existir. Porém, algum tempo depois, ele foi chamado para formar outra banda, mas estava tão frustrado que não queria mais seguir em frente com o sonho do rap. Então, aquele jovem ficou tão desgostoso da vida que passou a beber para lidar com a sua frustração.

Porque sentia muita solidão, pois nunca teve sorte com as mulheres. (Também, quem iria querer? Ele não era o tipo que agradava elas.)

Assim era ele: um rapaz calado, desanimado, triste, tímido, medroso, fraco, amargurado, sem nenhuma perspectiva na vida. Ele vivia por viver, respirava por respirar, comia porque sentia fome e bebia porque sentia sede. Enfim, era só mais um fracassado, que sonhava mais do que vivia. Era um jovem que só estava no mundo porque não conseguia se matar. Não era muito sociável, por isso não se encaixava com as outras pessoas; além disso, a sua ilusão era muito grande — isto é, ele sonhava alto demais, e isso o prejudicou muito, pois era um ser muito pequeno e, por ser um jovem lento e atrasado, acabou ficando para trás. Isso porque ele sempre foi devagar — devagar, quase parando.

Existem vidas que estão à frente do seu tempo; aquele jovem, porém, estava atrás do seu tempo — e muito atrás. Ele andava chateado, revoltado com a vida e com o mundo — estava a ponto de cometer uma grande loucura. Só não o fez porque era covarde demais para isso.

Até que, um dia, quando assistia a um filme sobre Jesus, ele foi tocado e gostou da mensagem da cruz; mas não se converteu naquele dia. Porém, ficou com a mensagem de Jesus pregada em sua mente.

A partir de então, começou a se interessar pela leitura da Bíblia. Não entendia quase nada, mesmo assim continuou lendo. Mal sabia ele que estava sendo visitado por Deus, e, por isso, também sentiu vontade de visitar uma igreja. Era Deus que estava trabalhando em sua vida. Mas ele era tão tímido que estava sem coragem de ir à igreja, com receio do que os outros iriam pensar a seu respeito. E costumava ir até uma igreja onde estava tendo culto e ficava parado sobre sua bike, sentindo a vibe do culto. Com vontade de entrar, porém sem coragem de avançar.

E ficava esperando alguém convidá-lo para entrar e participar do culto, até que um dia ele entrou na igreja meio acanhado, mas, com o tempo, foi se soltando. Jesus estava chamando aquele jovem, e o jovem ouviu a sua voz. Ele se firmou na igreja e começou a compreender cada vez mais o caminho da vida e da salvação. E estava feliz, porque Deus o havia tocado; a luz foi entrando na vida daquele jovem, e as trevas, pouco a pouco foram sendo dissipadas. Sim, Deus é bom e compassivo.

A sua misericórdia dura para sempre.

Como ele gostava de ir para a igreja, tinha sede e fome da palavra de Deus. Estava apaixonado por Jesus — era o efeito do primeiro amor.

Mas, por ser um jovem tímido, demorou um tempo para assumir a sua fé e declarar que havia aceitado Jesus como seu Senhor e Salvador.

Entretanto, o amor de Cristo chegou a bombar tão fortemente em seu coração, que a vergonha perdeu o seu lugar, e ele assumiu sua fé em Jesus Cristo sem nenhuma timidez. Foi batizado nas águas e continuou perseverando em buscar ao Senhor com muito fervor — e Jesus se deixou ser encontrado. Aquele jovem havia encontrado o maior tesouro de todos os tesouros: encontrou a fé em Jesus Cristo, a pérola de grande valor. Teve um encontro com Deus e foi batizado com o Santo Espírito do Pai e do Filho. O dia em que foi tocado por Deus foi o mais sublime e feliz de toda a sua vida, pois, naquele dia, nasceu de novo — nasceu de Deus. O jovem sentiu uma presença tão gloriosa e tão maravilhosa, que o resto do mundo perdeu a graça para ele. E só pensava em Jesus; dormia pensando em Jesus e acordava pela manhã pensando em Jesus.

Realmente começou a amar Jesus de todo coração, por isso sua vida ia tão bem. Encontrou Jesus, e sua vida foi restaurada e transformada.

Mas sua vida não foi mudando de fora para dentro, e sim de dentro pra fora, de fato. Ele perseverou em seguir o Senhor Jesus por anos, mas era fraco, e, durante a sua caminhada, ele tropeçou muitas vezes, caindo em tentação. Mas sempre buscava o perdão e a misericórdia de Deus — e Deus, por sua vez, sempre o perdoava. Ele temia muito se perder e ir parar no inferno, mas tinha uma boa perspectiva sobre o paraíso, pois sabia que o paraíso refletia a bondade e o amor de Deus.

Mas também sabia que o inferno era o resultado da ira de Deus.

E essa sempre foi a sua maior esperança: o paraíso — isto é, a vida eterna. Ele estava em paz e cheio de vida na presença de Deus, porque Deus é bom, e aquele jovem desfrutava da sua bondade e fidelidade.

É claro que havia provações, tribulações e dias difíceis, que com o tempo passavam; mas, com Deus, ele permanecia firme e forte, porque Deus era a sua fortaleza. (A vida é boa quando o Autor da vida está presente nela, quando Aquele que é bom vive dentro de você.)

Aquele jovem estava bem, mas começou a vacilar. Os pecadinhos começaram a esfriar o amor de Deus, que ardia como fogo em seu coração. E um dia, ele se descuidou, desviou o olhar de Deus e olhou para o mundo. O mundo o chamou, então ele virou as costas para Deus e foi para o mundo, como um cão ingrato. Assim ele traiu o seu Deus.

No mundo, ele começou a redescobrir os prazeres da carne e os prazeres do mundo, desfrutando de tudo. E, como era um recém-chegado no mundo, o mundo o recebeu de braços abertos. E disse bem alto para os céus ouvirem: — _O bom filho retornou para casa!_

O jovem estava cego e totalmente desvairado.

Deus tentou resgatar aquele jovem do mundo várias vezes, mas ele estava ocupado demais se divertindo com os prazeres mundanos.

O jovem sabia, mas parecia que não se lembrava de que o mundo jaz no maligno. Então o maligno resolveu expor suas garras e partiu para cima daquele jovem com grande ódio. Mas, pela misericórdia de Deus, o maligno não conseguiu matá-lo; porém, fez um grande estrago em sua vida. Então aquele jovem começou a ser massacrado no mundo: foi lançado na lama, foi pisado por todos, foi humilhado e envergonhado.

E foi levado cativo ao seu cativeiro, foi expulso do Éden, perdeu o seu lugar no corpo de Cristo, e se encontrou exilado em uma terra estranha, longe da presença de Deus. O mundo o feriu e virou as costas para ele, desdenhou do jovem, o encarou com muito ódio e desprezo, e disse em alto e bom som: — _Eu nunca te amei, e nunca vou te amar!_

Então aquele jovem passou anos padecendo no mundo, comendo o pão que o diabo amassou. Às vezes, ele se lembrava de Deus e tentava escapar do mundo, mas o mundo sempre o seduzia e o puxava de volta.

Ele queria voltar para Deus, mas estava cercado por uma densa escuridão e preso com correntes de ferro — correntes espirituais forjadas no inferno, correntes infernais — preso numa prisão espiritual, atrás de uma masmorra vigiada por uma legião de demônios cruéis; que sentem prazer com a dor das pessoas. As feridas se espalharam por todo o seu corpo; espiritualmente falando, sua alma estava leprosa.

Mas os demônios continuavam punindo o jovem com duros açoites.

Ele estava exausto, cansado, ferido e aflito, pois os seus pecados eram muitos e pesavam sobre ele; mas o mundo, sem piedade, continuava lhe dando chicotadas. Ele estava se embriagando e usando drogas mais do que nunca, para que, de algum modo, sua dor aliviasse.

Aliviava na hora, mas depois piorava.

Pois, no seu caso, o único remédio era Jesus.

Mas, no fundo do seu coração, ele tinha medo da morte, porque sabia que, se morresse naquela condição, seu destino seria o inferno.

Por isso, aquele jovem sempre orava e rogava pela misericórdia de Deus, contudo não conseguia abandonar o pecado nem o mundo.

Porém, um dia, Deus se lembrou das orações daquele jovem e se compadeceu do seu sofrimento e da sua angústia. O Senhor teve misericórdia e estendeu a mão para despertar o coração daquele jovem, e, com a força que veio de Deus, ele conseguiu se levantar aos poucos, bem devagar. Aos poucos, o jovem foi se voltando para Deus e se libertando do mundo. É claro que ele teve muitas recaídas, mas sempre conseguia correr do mundo para os pés da cruz. Ele aprendeu a se humilhar perante a face de Deus, e Deus nunca deixou de perdoá-lo.

O jovem ficou velho e aprendeu que Deus é bom, compassivo, longânimo, fiel e misericordioso. Por isso, depois de velho, ele nunca mais quis abandonar o seu Deus, pois aprendeu que o mundo não tem nada de bom para lhe oferecer — senão desgraça, dor, morte, miséria, tristeza e sofrimento; e muito sofrimento. Ele carrega na alma as consequências dos seus erros; às vezes tropeça, pois não é perfeito, mas sempre volta correndo aos pés do Senhor, para se humilhar e rogar por sua misericórdia. E o Senhor Jesus, por sua vez, nunca deixou de perdoá-lo, pois sempre conheceu a sua fraqueza e sempre soube que ele era pó. Mas agora ele está aprendendo e amadurecendo, está crescendo, está decidido a perseverar em seguir o seu Senhor e Salvador até o fim.

Pois ele aprendeu a amar o Senhor na dor e na aflição, no caos e no sofrimento, na tristeza e na angústia, na miséria e na humilhação, na fome e no frio, na prisão e na escuridão. Mas agora ele se desligou do mundo e está focado na vida eterna. Pois viu que o mal é passageiro, e sabia que Deus tem boas promessas para aqueles que nele esperam.

O que será que o futuro reserva para ele?

Isso eu não sei dizer. Mas Deus sabe.

Só sei que, até aqui, o Senhor me ajudou.

Eu era aquele jovem, e agora sou este velho.

Será que estou sendo patético com este desabafo?

Sou um homem de poucas palavras; meu desabafo é raro, não é de praxe. Pensem o que quiserem de mim, falem o que quiserem de mim.

Porque o meu Deus me acolheu — para mim, é isso que importa.

Sei que o homem tem maldade no coração, mas Deus é bom, e n'Ele não há maldade nem malícia, apenas compaixão, amor e bondade.

Daqui pra frente, vou escrever uma nova história com a ajuda da boa mão de Deus. E a história será mais ou menos assim: — *Era uma vez um homem que perseverou em seguir o Senhor e, no final da sua carreira, continuou firme na fé. Andou com Deus e foi levado para junto de Deus...*

Capítulo 04

Só cacos, só o pó, o pó com a boca no pó.

◆Só cacos.

De fato, sou só cacos, devido à minha desobediência e rebeldia.

Não sou um vaso, sou apenas pedaços de cacos. *"Maldita é a terra por tua causa; com sofrimento comerás dela todos os dias da tua vida. Ela te produzirá espinhos e ervas daninhas; e terás de comer das plantas do campo. Do suor do teu rosto comerás o teu pão, até que tornes à terra, pois dela foste tirado; porque és pó, e ao pó tornarás."* (Gn 3:17–19)

Existem os vasos — os vasos de honra e os vasos de desonra — mas eu sou apenas cacos, pedaços de um vaso que foi despedaçado.

Se eu lamento? Sim, grande é o meu lamento.

Mas Deus é bom, por isso não vou desistir da minha árdua e dura caminhada. E, quando eu chegar ao final — isto é, quando o meu tempo acabar, quero dizer as mesmas palavras ditas pelo Apóstolo: *"Combati o bom combate, completei a carreira, guardei a fé."* (2Tm 4:7)

Deixa as lágrimas rolarem sobre o meu rosto, pois elas me servem de bálsamo. Deixa a mão do Altíssimo pesar sobre mim, porque isso é justo. Só Deus é justo, e justa é a sua sentença. Aqui começa outro testemunho de uma época não muito distante — e ainda há muito a fazer. Mas eu digo a mim mesmo: — *Coragem, Francisco, e seja forte, porque fiel é Aquele que te chamou. Fiel é Aquele que te levantou da lama e do fundo do poço. Fiel é Aquele que te revelou os seus mistérios — Ele é a tua cura. Fiel é Aquele que te justifica da tua maldade e insensatez.*

Deus é fiel — disso eu sei. De mais nada sei.

Ou melhor dizendo, também sei que sou mau e pecador.

Sei que é por causa das misericórdias de Deus que eu não sou consumido. Isso mesmo, a sua misericórdia é exaltada em minha vida.

Deus é exaltado em sua grande compaixão, e para sempre o será.

Por isso, até mesmo em meus pecados e em meus erros, Deus é glorificado, pois Ele nunca deixou de perdoar os meus muitos pecados.

Por isso, em mim, a sua misericórdia é exaltada, a sua bondade é louvada, o seu amor é enaltecido e a sua fidelidade é engrandecida.

Porque a graça de Deus em minha vida faz com que, em tudo, Ele seja glorificado em mim — até mesmo na minha grande fraqueza.

E os nossos inimigos são envergonhados, pois Ele jamais deixou de perdoar este pecador. Mas isso porque este pecador também jamais deixou de buscar o seu perdão. Assim, Ele revela a sua clemência, pois eu jamais deixei de me humilhar, jamais deixei de buscar a sua salvação.

◆Só cacos.

Sim, apesar de ser mau e fraco, eu amo o Senhor, porque sei que Ele também me ama, apesar dos meus muitos defeitos e da minha grande imperfeição. Mas como eu poderia odiar o mal e o pecado se nunca os tivesse provado? Mas eu os provei, e os odiei, e continuarei odiando o pecado e a maldade desde agora e para sempre, pois o seu sabor de podridão não agradou ao meu paladar. E como diz a Palavra de Deus:

"Portanto, se faço o que não quero, já não sou eu quem o faz, mas o pecado que habita em mim." (Rm 7:20)

Porque a minha carne pode até sentir prazer no pecado, mas a minha alma o detesta. Porque quero fazer a vontade do meu Deus, quero fazer o bem e não o mal. Mas a podridão e a imundície habitam em mim: a devassidão, a maldade, a malícia, a fraqueza, a vaidade, o egoísmo, a impureza, a luxúria, o homicídio, a loucura, a perversidade, a tolice, a insensatez, a injustiça, enfim, as obras e os desejos impuros da carne.

Por isso estou em pedaços, como um vaso quebrado, pois o golpe da mão de Deus me deixou assim, em cacos — por causa dos meus muitos pecados. *"Estou mudo, não abro a boca por causa do que Tu fizeste. Retira de mim o Teu flagelo; desfaleço pelo golpe da Tua mão. Quando castigas o homem com repreensões por causa do pecado..."* (Sl 39:9-11)

Sou só cacos, pedaços de cacos, pedaços de um vaso despedaçado.

Sou lágrimas e não sorriso. Sou tristeza e não alegria. Sou lamento e não cântico de júbilo. Sou só cacos — apenas pedaços de cacos.

Embora a boa e justa Palavra do Senhor nos ensine isto: *"Alegrai-vos sempre no SENHOR; outra vez digo: alegrai-vos."* (Fp 4:4)

Eu, porém, com o coração muito pesado, digo a mim mesmo:

— *Como tem sido difícil me alegrar.*

Isso porque os meus pecados pesam sobre mim — e me quebram.

Este é o motivo da minha tristeza: os meus pecados. Por isso, estou em cacos. Todavia, eu não tenho motivos para reclamar. A única coisa da qual eu reclamo são dos meus próprios pecados. *"Por causa da Tua indignação, não há no meu corpo parte saudável; por causa do meu pecado, não há saúde em meus ossos. Pois meus pecados já me cobriram a cabeça, como carga pesada que eu não posso suportar. Minhas feridas cheiram mal e apodrecem, por causa da minha insensatez. Estou cabisbaixo, muito abatido, ando o dia todo a lamentar."* (Sl 38:3-6)

Disto sim eu reclamo: dos meus próprios pecados.

◆Só cacos.

"Por que, pois, se queixa o homem vivente?
Queixe-se cada um dos seus próprios pecados." (Lm 3:39)

Porque, assim como os ídolos contaminam e o mundo jaz no maligno, buscar o Reino de Deus e a sua justiça, orar, jejuar, andar em retidão e ler a Palavra de Deus também purifica a alma de toda imundícia que há no mundo, pelo sangue de Jesus Cristo. E eu quero perseverar em buscar o Reino de Deus, ainda que o meu corpo esteja atolado na lama e no lodo até o pescoço, pois confio na bondade, na misericórdia e na fidelidade de Deus — e não na minha própria justiça.

Não confundam as coisas, pois não estou querendo dizer: — *Pequem à vontade, porque Deus é bom e misericordioso para nos perdoar.*

Não! Não distorçam as minhas palavras.

Porque sei que há muitos insubordinados que distorcem a santa Palavra de Deus. E, se eles conseguem distorcer a Palavra viva e verdadeira do Deus Altíssimo e Todo-Poderoso, muito mais as minhas palavras toscas, rasas e vazias — transmitidas pelo menor dos homens.

O que esperar de um pobre e necessitado como eu?

Eu não espero nada de mim mesmo.

Mas, se alguém quiser sair pecando e fazendo maldades por aí, confiando na misericórdia e na bondade de Deus, saiba que de Deus ninguém pode zombar: tudo aquilo que o homem plantar, isso ele também irá colher. *"Não vos enganeis: de Deus não se zomba; pois aquilo que o homem semear, isso também ceifará."* (Gl 6:7)

Depois, não adianta reclamar, quando você, vaso, estiver em pedaços e não passar de cacos. Porque Deus é bom e longânimo, fiel e misericordioso, e perdoa todo aquele que se arrepende em verdade e se aproxima d'Ele com um coração contrito e sincero. Porém, Ele também é justo, e justa será a sua sentença na vida do pecador; ou seja, todo mal que ele fez, ele vai ter que pagar — seja nesta vida ou na outra vida.

Isso é mais do que certo. Eu, porém, acho que é melhor pagar por nossos erros nesta vida passageira. *"Porque importa que todos nós compareçamos perante o tribunal de Cristo, para que cada um receba segundo o bem ou o mal que tiver feito por meio do corpo."* (2Co 5:10)

Prefiro pagar minhas dívidas hoje, e não amanhã. Mas alguém dirá:

— *O ladrão que foi crucificado ao lado de Jesus foi para o paraíso; Jesus o perdoou, e ele não precisou pagar o preço dos crimes que cometeu.*

◆Só cacos.

Ah, não pagou o preço? Então, o que ele fazia naquela cruz?

O ladrão pagou o preço dos seus erros na cruz, antes de ir para o paraíso. No passado, na época da Lei de Moisés, quando alguém adulterava ou matava, tinha que ser morto à pedradas. E, com isso, a pessoa que era apedrejada era salva, porque pagava o preço do seu erro com o próprio sangue. Mas agora ninguém mais precisa morrer se, por acaso, vier a matar ou adulterar, porque Cristo já foi castigado e morto por todos nós, para pagar o preço dos nossos erros e pecados. Mas não pense que, se você matar ou adulterar, vai ficar impune; não se engane.

Porque, mesmo que você se arrependa, se converta dos seus maus caminhos e busque o perdão e a misericórdia de Deus, ainda assim você terá que pagar pelos seus erros. Deus irá te perdoar, por causa do sangue de Cristo. Você não vai precisar morrer à pedradas, pois está debaixo da graça e não debaixo da lei. Mas a cobrança virá juntamente com a punição — sim, as consequências virão como uma enxurrada.

Como está escrito: *"Se alguém leva para o cativeiro, para o cativeiro vai. Se alguém matar à espada, necessário é que seja morto à espada. Aqui está a perseverança e a fidelidade dos santos."* (Ap 13:10)

Mas, se não der tempo de o pecador pagar por todos os seus erros nesta vida, certamente ele será cobrado na outra vida, e pagará no dia do tribunal de Cristo. E o tribunal de Cristo virá logo após a nossa morte. Porém, não sei se virá antes ou depois da volta do Senhor Jesus.

Está escrito: *"Pois é necessário que todos nós sejamos manifestos diante do tribunal de Cristo, para que cada um receba o que fez por meio do corpo, segundo o que praticou, o bem ou o mal."* (2Co 5:10)

Por isso, eu temo e tremo só em imaginar; pois sou fraco e pecador.

Sendo assim, sendo eu um miserável pecador cheio de defeitos — qual é a minha expectativa? A minha expectativa não é nada boa.

Por isso eu temo e tremo. E você também deveria temer e tremer.

Porém, tenho a esperança de alcançar misericórdia e ser salvo. Sim, a salvação me basta, mesmo que eu não receba nenhuma recompensa.

Porque sei que a vida eterna será maravilhosa, com recompensa ou sem recompensa. Mas o que me quebra é isto: Deus é a minha vida.

Por isso estou em pedaços e inconsolável, porque são muitos os meus erros. Ah, minha esperança! Minha esperança está na UTI — isto é, está quase morta, e isso faz o meu coração desfalecer dentro de mim.

◆Só cacos.

Por isso, se alguém me perguntar, eu digo que: a graça, a bondade, a misericórdia, a fidelidade, o perdão e a salvação de Deus são tudo que eu mais quero na minha vida. Mais do que todas as coisas, mais do que o ouro e a prata, mais do que os prazeres momentâneos do mundo, mais do que os bens materiais, mais do que o amor de uma mulher, mais do que a própria vida. O Senhor Jesus — e somente o Senhor Jesus — me satisfaz; o meu Deus — e somente o meu Deus — é o que importa. O resto é resto. Todo o resto são migalhas que caem da mesa; não há relevância, nem tampouco importância — não para mim.

Por isso eu faço este lamento, por isso eu digo estas coisas:

— *Os meus pecados golpearam a minha fé, como num ringue de boxe. Na luta contra a tentação, eu não fui um bom pugilista. Por isso, a minha esperança está quase sendo nocauteada. Mas, felizmente, para mim, a esperança é a última que morre. Entretanto, ela está quase morrendo.*

Às vezes eu penso como o profeta Jonas: *"Peço-te, pois, ó SENHOR, tira-me a vida, porque melhor me é morrer do que viver."* (Jn 4:3)

E como Jonas disse, da mesma forma, eu também penso em dizer: *"É razoável a minha ira até a morte."* (Jn 4:9)

Sim, estou irado — de fato, com raiva de mim mesmo e dos meus muitos pecados. Sim, é triste quando você começa a bater suas asas para alçar voo, começando a subir, quando, de repente, as suas asas são quebradas e arrancadas, e você se vê de novo com a cara no chão; tão frustrado e tão envergonhado que mal consegue dobrar os joelhos para se aproximar de Deus em oração. Pois a vergonha do pecado te faz se distanciar do Senhor. Porque, no íntimo, tudo o que você quer é se esconder no fundo de uma caverna e esperar o tempo passar até a morte chegar. Mas a morte não vem, o tempo passa, e o tormento só aumenta. Porventura isso já aconteceu com você alguma vez?

Comigo, sim — e não foi uma ou duas vezes, mas muitas vezes, tantas que já perdi a conta. Por isso, sou só cacos: cacos e mais cacos sobre cacos; uma montanha de cacos — para não dizer coisa pior.

É impossível respirar quando se está afogando. Confesso que, no momento, eu gostaria de estar em qualquer outro lugar, menos na minha própria pele. Ah, sim... quem me dera não ser o que sou; quem me dera poder fugir para bem longe de mim mesmo. Ah, se eu pudesse me rasgar de dentro para fora, para fugir de dentro de mim mesmo.

◆Só cacos.

Por isso, assim como o rei falou, eu também falo: *"Ah! Quem me dera ter asas como de pomba! Eu voaria e encontraria descanso."* (Sl 55:6)

Já não sei mais se estou certo ou se estou errado; só sei que não estou totalmente errado, mas também sei que não estou totalmente certo.

Assim é o homem feito do pó da terra — ele nunca sabe plenamente.

Quem é capaz de compreender essas coisas?

Só Deus pode compreender todas as coisas.

Mas deixe-me com a minha loucura, pois ela não é de praxe.

Porque é preciso ser louco para acreditar que um vaso em pedaços possa ser refeito. Não — isso não é de praxe. Mas eu acredito nisso.

A minha fé é o que me mantém vivo, mas isso não vem de mim, é um dom de Deus. Graças a Deus por seus dons inexprimíveis!

Capítulo 05

Só cacos, só o pó, o pó com a boca no pó.

Parte 02

◆Só o pó.

Seja rico ou seja pobre, todo homem é pura ilusão. _"Certamente os plebeus são como um sopro, e os nobres, como um engano. Pesados juntos na balança, são mais leves do que um sopro."_ (Sl 62:9)

E o pó — será que uma partícula de pó tem algum valor?

Porque eu sou pó, estou só o pó, e com a boca no pó.

Esta é a minha realidade: depois que comi do fruto proibido, à semelhança de Adão, também fui expulso do jardim do Éden; agora estou só o pó, prostrado e humilhado, com a boca no pó. _"Pois males sem conta me têm cercado; os meus pecados me têm alcançado, de modo que não consigo ver; são mais numerosos do que os cabelos da minha cabeça; por isso, meu coração está desanimado."_ (Sl 40:12)

Se estou arrependido? Deus sabe que estou.

Mas sinto que, de alguma forma e por algum motivo, Ele quer que eu escreva sobre essas coisas. Eu mesmo não entendo, mas os caminhos do Senhor são repletos de mistérios — mistérios que ainda não entendo; mas um dia entenderei, quando o Senhor me revelar.

Acho que Deus me levantou para equilibrar um pouco as coisas; não me levantou para quebrar a balança — isto é, para deixar as coisas fluindo como estão —, porque há muitos homens servindo a Deus e, ao mesmo tempo, se exaltando atrás do púlpito, passando a imagem de serem grandes homens de Deus, buscando honra e glória para si mesmos, em vez de buscar a glória e o louvor para o verdadeiro Deus.

Mas eu continuo me humilhando diante do Senhor e renegando a glória que vem dos homens. Porque quem busca fama e glória para si mesmo comete pecado. Porque assim a Palavra de Deus nos ensina:

"Aquele que se gloria, glorie-se no Senhor." (1Co 1:31)

E não é fácil renegar a glória que vem dos homens, porque sou vaidoso e egoísta, mas preciso lutar contra isso para não pecar contra o Senhor. Sei qual é o meu lugar — meu lugar não é estar acima de ninguém; porque, como todos são pecadores, eu também sou um pecador — o maior de todos os pecadores. Nisso, sim, estou acima de todos. É fácil julgar, e muito mais fácil ainda tirar conclusões precipitadas e apontar o dedo. Mas o Deus Justo e Verdadeiro, o único que sabe de todas as coisas, disse: _"Aquele dentre vós que está sem pecado, seja o primeiro que lhe atire uma pedra."_ (Jo 8:7)

Para aquele que realmente deseja entender, meia palavra basta.

◆Só o pó.

Então, se você não sabe a verdade acerca de alguma coisa, mantenha a boca bem fechada. Como diz um ditado popular bem conhecido:

— *Boca fechada não entra mosquito.*

Se você mantiver a sua mente e o seu coração puros, e a sua boca bem fechada para não pronunciar palavras arrogantes, será uma alma bem-aventurada. Mas, se você é cheio de superstições e de dúvidas, é sinal de que a sua fé está falhando — assim como uma lâmpada com mau contato, que fica piscando, logo se apagará de vez. Assim também acontecerá com a sua fé: se ela estiver oscilando, pode se apagar de vez.

Procure ajustar isso. Porque a fé é a nossa âncora, que nos firma na nossa garantia — o Espírito Santo, nossa Rocha, que sacia a nossa sede e nos livra de todo mal. Qual é a diferença entre a superstição e a fé?

Posso garantir que superstição não é fé.

Embora parecidas, superstição e fé não têm nada em comum.

Superstição é crendice — uma crença sem fundamento, em coisas que não fazem nenhum sentido. São mitos, fábulas, estórias de lendas populares; em outras palavras, contos da carochinha. Vou dar um pequeno exemplo de superstição: — Quebrar um espelho dá sete anos de azar; passar embaixo de uma escada também não traz boa sorte; o famoso pé de coelho que dá sorte; a ferradura pregada atrás da porta para trazer sorte; o tal trevo de quatro folhas para dar sorte, enfim.

Superstição é uma crença irracional. Mas a fé é exatamente isto:

"A fé é a certeza de que vamos receber as coisas que esperamos e a prova de que existem coisas que não podemos ver." (Hb 11:1)

Não podemos ver Deus, mas cremos em Deus — isto é fé. Eu espero algo que vem de Deus e tenho certeza de que vou receber — isto também é fé. Fé é crer na verdade, e a verdade é a Palavra de Deus.

Fé é crer em um único Deus criador — isto é, que criou todas as coisas; é crer em um Ser supremo, eterno e invisível aos nossos olhos, que está em todos os lugares ao mesmo tempo, que tudo vê e tudo sabe — um Deus para quem vivemos, de onde surgimos e para onde iremos.

Em outras palavras: a fé é um dom de Deus, que nos aponta o caminho para Deus e nos leva até Deus — ao único e verdadeiro Deus.

A fé é um dom dado por Deus para que o homem o alcance. Deus nos deu a fé para ser usada apenas nele; se eu usar a minha fé em outras coisas, cujo contexto não está em Deus, então não é fé — é superstição.

◆Só o pó.

Porque tudo que está fora da verdade — que é Cristo, é superstição.

Porque Deus é a verdade, ele é a razão de todas as coisas — fora dele, tudo é mito e tudo é superstição. Resumindo: fé é acreditar em Deus e na verdade, que é Jesus; superstição é acreditar em mitos e em mentiras.

Fé é certeza; superstição é ilusão. A fé dissipa todo tipo de superstição, assim como a luz dissipa todas as trevas, assim como a verdade dissipa toda mentira, assim como a razão dissipa toda ilusão.

Mas o que mais há dentro das igrejas são crentes supersticiosos, porque muitos pastores ensinam superstição ao povo, e não a fé.

Eu mesmo tenho uma irmã cristã que é cheia de superstição.

Minha mãe também é cheia de superstição, mas isso porque ela não tem o conhecimento da Palavra de Deus. Minha irmã, por outro lado, tem o conhecimento da Palavra de Deus, mas, mesmo assim, é supersticiosa. Deve ser porque andou botando muita fé na palavra de algum pastor supersticioso. Por isso, eu só confio nos ensinamentos que vêm da Bíblia Sagrada. Em um passado bem distante, na época da Lei de Moisés, Deus deu algumas leis de superstição para o povo seguir — para que, de alguma forma, o povo, que era supersticioso, obedecesse à sua Palavra. Leis como: — *Não toque e não faça; leis sobre alimentos, sobre os animais que eram permitidos comer e os que não eram.*

É claro que tudo isso eram apenas superstições, para que, de alguma maneira, o povo — que era supersticioso — obedecesse à sua Palavra. Porque a Palavra nos revela isto: *"Na verdade, todo alimento é puro... [...] Não compreendeis que tudo o que de fora entra no homem não o pode contaminar, porque não lhe entra no coração, mas no ventre, e sai para lugar escuso? E, assim, considerou ele puros todos os alimentos. [....] Tudo quanto se move, que é vivente, será para vosso alimento; tudo vos tenho dado, como a erva verde. A carne, porém, com sua vida, isto é, com seu sangue, não comereis."*(Rm 14:20) (Mc 7:18,19) (Gn 9:3,4)

Com isso, vemos que podemos comer de tudo — aliás, tudo que não faça mal à nossa saúde. A única coisa que Deus não nos permitiu comer foi carne humana; mas o resto, se você não come por causa de alguma crença, é superstição. Havia mais leis do tipo: — *Como se deveria cortar o cabelo, como se deveria aparar a barba; leis acerca do mofo que surgia na roupa ou na casa; leis sobre feridas que apareciam no corpo; leis que proibiam tocar no cadáver de uma pessoa morta, para não ficar impuro.*

◆Só o pó.

E também havia leis que proibiam uma pessoa de tocar ou sentar no mesmo lugar em que uma mulher menstruada se sentou ou deitou, para não ficar impuro; guardar o dia de sábado, para que ao menos um dia da semana o povo se lembrasse de se santificar; a tal circuncisão, enfim.

E outras leis do tipo: — _Leis cerimoniais, com seus diversos ritos e lavagens com água, sacrifício de animais e aspersão de sangue, enfim._

Pura superstição — leis de superstição que foram revogadas pela lei da fé. Porque, ao chegar à plenitude dos tempos, o grande Mestre se revelou: Jesus, trazendo a revelação da fé e anulando toda superstição.

Mas parece que muitos não compreenderam a mensagem da fé, e por isso a superstição sobreviveu, atravessando a Idade Média até chegar aos dias de hoje, em pleno século XXI. Mas quando eu falo da lei de Moisés e suas superstições, não me refiro aos preceitos da lei — que são condutas morais. Estas devem ser observadas sempre, pois influem no caráter do indivíduo. Por isso, precisamos aprender a ter bom senso e discernimento espiritual, para saber distinguir entre o certo e o errado, entre o santo e o profano, entre a luz e as trevas. _"Sabemos, porém, que a lei é boa, se alguém dela se utiliza de modo legítimo... [...] De modo que a lei é santa, e o mandamento, santo, justo e bom."_ (1Tm 1:8) (Rm 7:12)

Mas o mundo é mau, e o homem, levado pelo diabo, estragou o plano terreno que Deus criou — e a natureza sentiu os efeitos disso.

Eis a razão dos terremotos, tsunamis, tempestades, vulcões, tornados destruidores, pestes e epidemias. Por isso, quando um bebê nasce neste mundo tenebroso que jaz no maligno, ele já nasce chorando — porque sente que o mundo é mau e impiedoso — sente que sua vida será difícil.

É como o salmista disse: _"Toda noite faço nadar a minha cama; molho o meu leito com as minhas lágrimas."_ (Sl 6:6)

Eu também, se houvesse lágrimas suficientes em mim, estaria chorando como um bebê; mas os meus olhos já estão secos de tanto derramar lágrimas. O pó é degradante, de fato — e eu sou pó.

Uma vez, vi e ouvi uma burguesinha adolescente revoltada contra o verdadeiro Deus por ter perdido o pai em um trágico acidente de moto.

Ela blasfemava contra Deus, dizendo: — _Deus é um babaca bizarro._

E penso que ainda haja muitas almas ingratas como essa menina má — pessoas ignorantes e insensatas, que dizem não acreditar em Deus; mas os mesmos que dizem não acreditar em Deus acreditam em Satã.

◆Só o pó.

O que, para mim, é uma grande contradição. Afinal, se Deus não existe, Satã também não deveria existir, visto que foi Deus quem o criou. Mas as pessoas são assim mesmo — tolas tentando se passar por sábias, como aquela garota má, que disse: — *Deus é um babaca bizarro.*

Mesmo levando uma vida boa e rica, sem conhecer a miséria e a fome, sendo uma moça bela e inteligente — que, com certeza, não passará por muitas dificuldades na vida, pois já nasceu privilegiada com bens materiais, saúde e beleza — ela ainda tem coragem de abrir a boca para falar mal daquele que tem proporcionado tudo de bom para ela. Pobre criatura cega, insensata e louca! Será que ela é ingrata?

Sim, de fato — não só ela, mas toda a humanidade é má e ingrata.

A maioria das almas não se lembra das coisas boas que Deus faz por elas, mas basta acontecer algo ruim em suas vidas mesquinhas para que logo partam pra cima de Deus com paus e pedras. Ah, se eu fosse Deus!

Ainda bem que eu não sou. Deus é bom demais.

Mas com que direito elas fazem isso? Elas vivem a vida inteira longe de Deus, sem demonstrar nenhum temor ou gratidão ao seu Criador, buscando apenas satisfazer suas próprias vontades e desejos inúteis.

Se Deus as chama, não respondem; nem se interessam em saber da sua vontade e dos seus feitos grandiosos. Mas, quando chega o dia da calamidade, querem culpar a Deus por suas desgraças e infortúnios.

Elas dançam valsa com o diabo durante toda a vida, mas, quando acaba a festa e a ilusão, quando o pó retorna ao pó, querem se abrigar e descansar na santa morada do Santo Deus. Acha que seria justo Deus recebê-las? Por acaso se lembravam de Deus enquanto estavam vivas?

Mas, depois da morte, querem ir para junto de Deus.

Assim tá mamão com açúcar!

Mas Deus só tem compromisso com aqueles que se comprometem com Ele — com aquele que o busca, que o ama e que procura fazer a sua vontade. Que se arrepende de suas maldades e de seus pecados, que anda pela fé, que o aguarda com esperança e que conserva o amor.

Mas a maioria das pessoas ama apenas a si mesmas.

Que direito elas têm de cobrar algo de Deus?

Mas esse tipo de alma terá uma grande decepção, porque Deus é bom, mas também é justo — e justa será a sua sentença. Maranata!

Esta vai para os zombadores que criticam a fé em Deus:

◆Só o pó.

— O que é seu está guardado!

Quer ouvir uma coisa nova e bizarra — tão bizarra quanto o Natal e o Papai Noel, e tão bizarra quanto as dancinhas daquele tal de TikTok?

Então ouça, se conseguir suportar: — *Uma alma feliz da vida em sua festa de aniversário, comemorando menos um ano de sua curta existência.*

Isso sim é bizarro — muito bizarro. Não é de praxe alguém falar isso, mas isso sim é uma grande loucura. Em volta de uma mesa, cantam aquela canção que parece ter saído de um filme de terror: — *Parabéns pra você, nesta data querida, muitas felicidades, muitos anos de vida...*

(Acho que vou conseguir alguns inimigos falando essas coisas.)

Batem palmas e dão glória ao aniversariante, exaltam o ego dele e fazem aquele ritual de soprar as velinhas do bolo; e, assim, enchem o seu coração de uma falsa sensação de bem-estar — isto é, de ilusão.

Pra mim, isso tudo é muito bizarro. É claro que estou falando aos cristãos, e não ao mundo. Mas fico pensando comigo mesmo: — *Como um cristão pode permitir-se ser louvado e adorado por outros homens? Como ele consegue aceitar as palmas e as canções oferecidas a ele?*

Porque, sendo cristão, ele sabe que somente Deus é digno de receber os nossos aplausos, as nossas canções, os nossos louvores e adorações.

Pra mim, essas tais festinhas de aniversário é o bem estampado sobre a face do mal — isto é, parece ser algo bom e inocente, mas não é.

E outra: será que não percebem que, a cada aniversário, o tempo de vida do aniversariante está diminuindo? Será que não percebem que cada aniversário comemorado inutilmente significa que o fim do aniversariante está se aproximando — e que a sepultura o espera?

Na minha opinião, o correto a fazer não é dar os parabéns, e sim os pêsames. Mas isso não é de praxe. Pelo contrário, para eles isso é um absurdo. Mas toma nota disso, você que me acha louco e radical:

— Comemorar o dia do nosso aniversário é só mais uma superstição, um rito inventado pelo homem; é algo extremamente humano e mundano. Não é um tempo para festejar e se iludir, e sim para refletir sobre a morte.

A Palavra de Deus diz: *"Melhor é ir à casa onde há luto do que ir à casa onde há banquete, porque ali se vê o fim de todos os homens; e os vivos o aplicam ao seu coração. Melhor é a tristeza do que o riso, porque com a tristeza do rosto se faz melhor o coração. O coração dos sábios está na casa do luto, mas o coração dos tolos, na casa da alegria."* (Ec 7:2-4)

◆Só o pó.

— Então celebrar uma festa de aniversário é pecado?

Não. Celebrar uma festa de aniversário não é pecado.

É mau e fútil, mas não é pecado. Estou falando dos pecados que são para a morte; pois existem os pecados que passam e os pecados que não passam. Isso mesmo: não é pecado, mas também não deixa de ser mau.

Falo essas coisas porque é a dura realidade.

De fato, as coisas que eu falo não são de praxe.

O Senhor viveu por trinta e três anos sobre a face da Terra; com trinta anos, começou o seu ministério, que durou três anos — mas nunca foi mencionado, na Palavra de Deus, algo a respeito do Senhor comemorando o dia do seu aniversário. (E olha que Ele até poderia se exaltar e comemorar, pois é Deus e merece receber toda honra e louvor. Mas, como homem, não o fez, pois seria um mau exemplo para nós.)

Na verdade, não se vê falar de festa pessoal de aniversário na Palavra de Deus. (Exceto quando se fala do aniversário do rei Herodes, no evangelho de (Mateus 14:6 -13); mas fora isso, nada mais.)

Porque isso é uma coisa que não deveria existir.

Antigamente, na Lei de Moisés, Deus estabeleceu algumas festas para o seu povo seguir — primeiramente para a sua glória, e também para que o povo se alegrasse em sua presença. É claro que atualmente não é mais necessário comemorar essas festas bíblicas, pois não estamos mais debaixo da Lei, e sim da Graça. Mas isso nos dá a entender que qualquer tipo de festa feita por nós, cristãos, deve ser somente para a glória de Deus e para que nos alegremos em sua santa presença.

E também nos dá a entender que qualquer outro tipo de festa que fazemos ou participamos, que não tenha sido feita para a glória e para o louvor de Deus, é uma abominação. Porque celebrar uma festa para si mesmo em seu aniversário é um ato totalmente pagão — porque homem nenhum é digno de ser celebrado; pois somente Deus é digno.

Mas as pessoas do mundo o fazem, porque vivem para si mesmas.

Mas, para nós, os verdadeiros cristãos, comemorar o dia do próprio aniversário deveria ser uma abominação. No entanto, pelo que vemos, não é assim que acontece — pelo contrário. Os crentes vivem como as pessoas do mundo, porque trazem esses costumes mundanos e pagãos desde a infância. E não conseguem enxergar que estão errados por causa da vaidade e dos maus hábitos que aprenderam desde cedo.

◆Só o pó.

Mas eu, o menor dos homens, pela misericórdia de Deus, consigo enxergar a abominação que está por trás dessas inocentes festinhas.

O correto a fazer é: — *Celebrar uma festa de ação de graças ao Senhor por mais um ano de vida — e não celebrar uma festa para si mesmo.*

Porque todas as vezes que eu colocar o Senhor em segundo plano, seja no que for, estarei cometendo uma abominação. Por isso, quando alguém estiver fazendo aniversário, não lhe dê os parabéns; em vez disso, ore a Deus pela vida do aniversariante. E o aniversariante, em vez de buscar elogios e parabéns, dê graças a Deus por estar vivo.

É a dura realidade — não vou tapar o sol com a peneira.

Porém, também sei que há muita gente rangendo os dentes de raiva.

Eu, porém, prefiro a realidade, mesmo que ela me machuque.

E, de fato, a realidade às vezes machuca — e como machuca.

Mas eu já estou machucado. Estou só o pó — mas, graças a Deus, ainda estou vivo. Estou só o pó, mas, por ora, ainda não estou morto.

O vento sopra e leva o pó, pois o pó é fraco. O pó não sabe de nada e não tem valor nenhum; mas o valor do pó está na alma que ele carrega.

É semelhante a uma concha no fundo do mar: a concha, por si só, não tem nenhum valor — mas, no interior dela, há uma pérola valiosa.

Assim também é o homem. Porque o pó só atrapalha e incomoda; o pó só serve pra fazer sujeira. Agora eu sei por que estou só o pó.

Capítulo 06

Só cacos, só o pó, o pó com a boca no pó.

Parte 03

◆O pó com a boca no pó.

Assim orei ao meu Deus e Salvador: — *Sou pó, e estou com a boca no pó; ó Deus, tem misericórdia de mim! "Compadece-te de mim, SENHOR, sara a minha alma, porque pequei contra ti."* (Sl 41:4)

Eu estava quase desistindo, quase; contudo, não desisti.

Pela bondade de Deus, estou perseverando — meio que aos trancos e barrancos, mas estou tentando, tentando e sendo tentado.

Estou buscando, estou batendo na porta da mansão celestial.

Na porta da casa do Senhor, continuarei batendo como um mendigo faminto em busca de um prato de comida. Sei que serei atendido, sei que Ele matará a minha fome e saciará a minha sede. Mesmo que eu não mereça. *"Qual dentre vós, tendo um amigo, e este for procurá-lo à meia-noite e lhe disser: Amigo, empresta-me três pães, pois um meu amigo, chegando de viagem, procurou-me, e eu nada tenho que lhe oferecer; e o outro lhe responda lá de dentro, dizendo: Não me importunes; a porta já está fechada, e os meus filhos comigo também já estão deitados. Não posso levantar-me para tos dar. Digo-vos que, se não se levantar para dar-lhes por ser seu amigo, todavia, o fará por causa da importunação e lhe dará tudo o de que tiver necessidade."* (Lc 11:5-8)

Por isso, eu continuarei tocando a campainha dos portões celestiais, pois sei que Deus irá me atender. Os suprimentos que há nos depósitos da morada de Deus são fartos e eternos — nunca nada irá faltar nem acabar. Porque Deus, sim, é rico — o único que é rico de verdade, em todos os sentidos e de todas as formas. Pois d'Ele vem todo suprimento que existe; por isso, só Ele pode suprir todas as nossas necessidades, infinitamente e sem falhar. Mas o homem é pobre, miserável, cego e nu.

Por mais rico que o homem seja na terra dos viventes, tudo o que ele tem são migalhas e ilusão; porque pó é pó, é passageiro e irá corroer.

"Não ficará pedra sobre pedra..." (Mc 13:2)

Sim, eu sou pó, e ao pó retornarei. Meus belos olhos castanhos serão devorados pela terra; nada vai sobrar, senão os meus ossos e os meus cabelos. Minha pouca beleza será deformada, os vermes comerão a minha carne, e a minha aparência será mudada. Ficarei com a aparência de um monstro. Então, pra que ser tão vaidoso?

Minha situação não está fácil. Estou passando pelo vale — pelo vale da sombra da morte — e só o Senhor pode estender a mão para se compadecer de mim e me tirar deste vale profundo e escuro.

◆O pó com a boca no pó.

Assim orei ao meu Deus e Salvador: — *Ó meu Deus, quantos erros eu cometi, quantos pecados, quantas abominações, quanta blasfêmia, quanta insensatez, quanta loucura... Senhor, tem misericórdia de mim, ó Deus da minha salvação! Cura-me, e serei curado; salva-me, e serei salvo.*

"Pois estou prestes a tropeçar; a minha dor é constante. Confesso minha culpa; entristeço-me por causa do meu pecado." (Sl 38:17-18)

Eu já disse isso antes, muitas vezes, e agora repito outra vez:

— *Só mesmo pela graça e pela misericórdia de Deus.*

Agora, tudo o que eu posso fazer é esperar. Quem está do lado de fora não vê, não sabe, não consegue entender o que se passa no coração do próximo. Só mesmo a pessoa sabe, só ela entende, só ela sente, só ela conhece o seu sofrimento, e só ela conhece o motivo da sua dor.

Quem está do lado de fora não entende e não sabe; mas Deus sabe.

Por isso, só o seu julgamento é justo. E é justo que eu espere em sua justiça — é isto que estou fazendo: esperando a justiça que vem de Deus. Porque sei que, se eu crer, serei justificado pela minha fé.

Porque cri na bondade de Deus, cri no seu amor, cri na sua graça, cri na sua misericórdia, cri na sua benignidade, cri na sua benevolência, cri na sua justiça, cri na sua longanimidade e na sua fidelidade. "Abraão creu em Deus, e isso lhe foi imputado para justiça." (Rm 4:3)

Porque Ele prometeu, por isso eu creio.

"Não temas; crê somente." (Mc 5:36)

Isso é graça. Graça é favor imerecido — não é porque eu mereço, porque se fosse por méritos, já não seria graça. Mas a minha dívida com Deus é tão grande, que nem por toda a eternidade eu seria capaz de pagá-la. Por isso sou prisioneiro e escravo de Cristo para sempre.

Que assim seja. Não posso ir a lugar nenhum, senão esperar.

Por isso, às vezes eu me sinto tão mal diante de Deus; porque Deus é santo e puro, mas, por causa dos meus pecados, eu me sinto sujo.

Sim, por causa dos meus muitos pecados, diante d'Ele eu me sinto sujo; e mesmo me lavando exteriormente, ainda assim continuo me sentindo sujo. Porque não adianta lavar somente o exterior do copo — o mais importante é lavar o interior do copo. Que vantagem há em estar limpo e perfumado por fora, se por dentro estou sujo e podre como carniça, exalando o mau cheiro insuportável do pecado?

O que é pior: o sujo ou o mal lavado?

◆O pó com a boca no pó.

Na verdade, o pior mesmo é o mal lavado, falando mal do sujo. Por isso, eu não falo mal de ninguém — não porque sou um homem bom, mas porque não tenho moral nenhuma para falar dos pecados alheios, visto que também sou um pecador. *"Por que vês o cisco no olho do teu irmão e não reparas na trave que está no teu próprio olho?"* (Lc 6:41)

Por isso estou com a boca no pó, porque são muitos os meus pecados. Mas muitos já me disseram isso muitas vezes: — *Tenha ânimo, tenha força, siga em frente, tenha fé em Deus, vai dar tudo certo.*

Típico dos livros de autoajuda. Mas eu tenho fé, e também sei que o próprio Senhor Jesus nos ensina a ter bom ânimo: *"No mundo passais por aflições; mas tende bom ânimo; eu venci o mundo."* (Jo 16:33)

Só eu sei o que sinto, só eu sei o peso que está sobre os meus ombros — o peso do pecado, o grande peso dos meus pecados. E se hei de ter bom ânimo, não será pelos conselhos vaidosos dos homens, e sim porque o Senhor venceu o mundo. Por Ele eu terei bom ânimo, por Ele vou manter a boca no pó, para que eu também, assim como Ele venceu o mundo, também possa vencer. Porque os homens só falam — é isso que eles fazem. Só sabem falar, mas não há poder nenhum nos homens.

O único poder que o homem possui é o dinheiro, mas o dinheiro não pode resolver o meu caso. Por isso, eu dispenso o socorro e o poder que vêm dos homens — e isso não é de praxe. Porque é fácil falar; quero ver eles se colocarem na minha pele. Como já disse o poeta Mano Brown:

— *Sozinho cê num guenta, sozinho cê num entra...*

Eu conheço muito bem as consequências dos meus pecados.

E colherei os frutos que plantei, sem reclamar, pois isso é justo.

A verdade é que eu poderia ter feito o bem, mas, infelizmente, fiz o mal muito bem feito — tão bem feito que as raízes do mal tornaram-se profundas em mim. E agora está muito difícil arrancá-las do meu ser.

Estou contando com a ajuda do tempo. Quem sabe, talvez com o passar do tempo, as nuvens negras vão embora e o sol volte a brilhar de novo. Mas isso também vai depender de mim. É só plantar o bem para colher o bem, e parar de plantar o mal — é isso que eu tenho que fazer.

Tenho que esperar em Deus, usando o tempo como meu aliado.

Isso, sim, é uma grande ironia — pois o pó tem pouco tempo de vida.

Há uma música do ministério de louvor Diante do Trono, chamada "Descanso em Deus", que eu gosto muito, e que diz o seguinte:

◆O pó com a boca no pó.

— *Em me arrepender e sossegar, em me tranquilizar, está minha salvação; minha força está em esperar, confiar em ti...*

Uma linda canção que já me ajudou bastante.

De fato, isso é verdade: eu preciso me arrepender e sossegar.

Preciso me tranquilizar, preciso manter firme minha confiança e esperança, porque assim alcançarei a minha salvação. Mas, no momento, este é o meu lamento: — *Quem me dera, ó meu Deus, quem me dera se eu fosse puro e nunca tivesse conhecido o pecado!*

"Pelo que a minha alma escolheria, antes, ser estrangulada; antes, a morte do que esta tortura. Estou farto da minha vida; não quero viver para sempre. Deixa-me, pois, porque os meus dias são um sopro. Que é o homem, para que tanto o estimes, e ponhas nele o teu cuidado, e a cada manhã o visites, e a cada momento o ponhas à prova? Até quando não apartarás de mim a tua vista? Até quando não me darás tempo de engolir a minha saliva? Se pequei, que mal te fiz a ti, ó espreitador dos homens? Por que fizeste de mim um alvo para ti, para que a mim mesmo me seja pesado? Por que não perdoas a minha transgressão e não tiras a minha iniquidade? Pois agora me deitarei no pó..." (Jó 7:15-21)

Porque eu sou um miserável pecador.

Os meus pecados estão sempre diante de mim, e eles pesam sobre mim. Bem que eu queria não ter conhecido o pecado, mas, infelizmente, eu conheci o pecado e provei o seu doce sabor — porém, no final, me foi amargo. Este é o meu lamento. Por isso coloco a minha boca no pó.

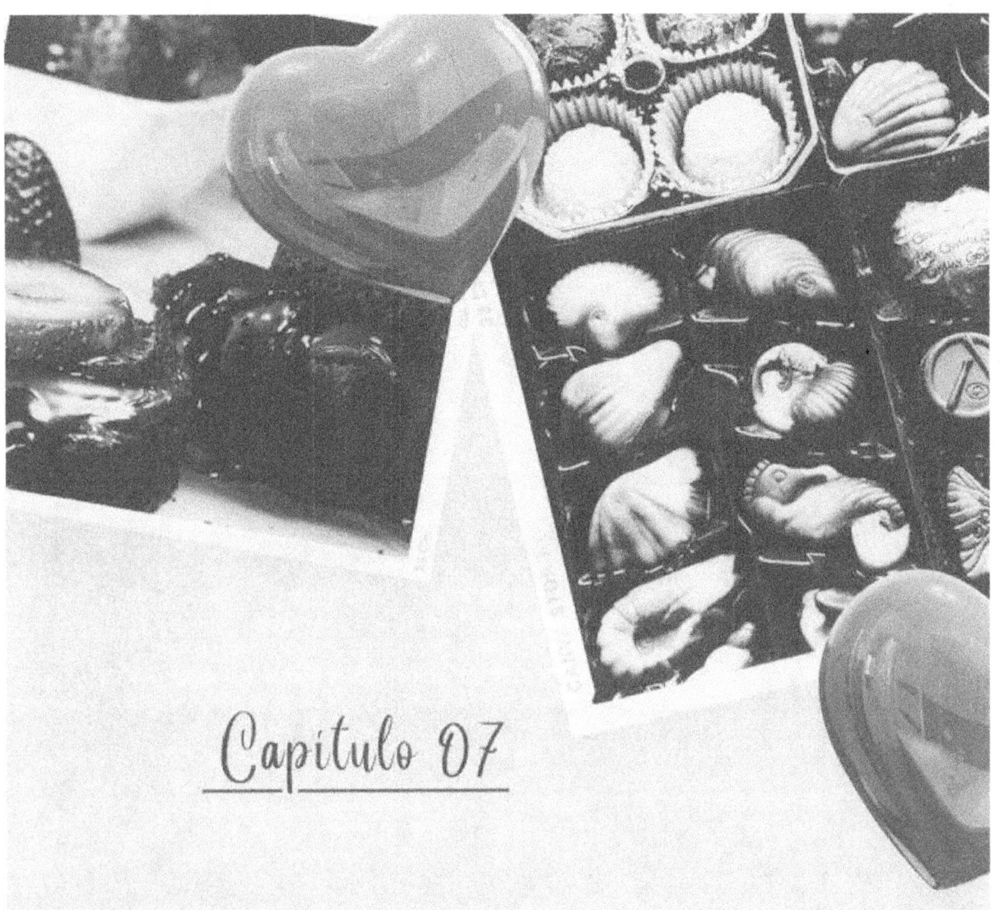

Capítulo 07

Coração partido.

"Ó Senhor, Deus da minha salvação, dia e noite clamo a ti.

Que a minha oração chegue à tua presença. Inclina os ouvidos ao meu clamor; porque a minha alma está cheia de angústia, e a minha vida se aproxima da morte. Já sou contado entre os que descem à cova; estou como um homem sem forças, atirado entre os mortos; como os feridos de morte que jazem na sepultura, afastados do teu cuidado e dos quais já não te lembras. Tu me lançaste na cova mais profunda, em lugares escuros, nas profundezas. Tua ira pesa sobre mim; tu me arrasaste com todas as tuas ondas. Afastaste de mim meus amigos e me transformaste em abominação para eles; estou preso e não posso sair.

Meus olhos desfalecem por causa da aflição. Clamo a ti todo dia, Senhor, e levanto minhas mãos a ti. Acaso mostrarás tuas maravilhas aos mortos? Será que os mortos se levantam para te louvar? Teu amor será anunciado na sepultura, ou tua fidelidade no Abismo? Tuas maravilhas serão conhecidas nas trevas, e tua justiça, na terra do esquecimento? Eu, porém, Senhor, clamo a ti; de madrugada minha oração chega à tua presença. Por que me rejeitas, Senhor? Por que escondes de mim tua face? Desde jovem estou em aflição e à beira da morte; sob os teus terrores fiquei desorientado. Teu furor ardente tem passado sobre mim; teus terrores me arrasaram. Todos os dias me rodeiam como águas; cercam-me completamente. Afastaste de mim amigos e companheiros; meus conhecidos me deixaram em trevas." (Sl 88:1-18)

Eis aqui um homem de coração partido. *"A esperança que se adia faz adoecer o coração, mas o desejo cumprido é árvore de vida."* (Pv 13:12)

De fato, minha esperança foi adiada por causa dos meus próprios erros e pecados; por isso, estou com o coração partido. Não é sem motivo o meu pesar. Não é à toa que o meu coração está partido.

É verdade, ela partiu o meu coração — mas isso é outro caso; agora não é hora de falar sobre a minha solidão. Eu errei, sim, de fato, errei.

Errei mais do que acertei, chorei mais do que sorri, sonhei mais do que vivi. Foi desse modo que aconteceu — foi assim desde o começo.

"Esta é uma lamentação e ficará servindo de lamentação." (Ez 19:14)

Os meus lamentos não acabaram, pelo contrário, estão apenas começando — pois continuarei me humilhando. Como o profeta disse, eu também digo — sem nenhuma superstição: *"Maldito o dia em que nasci! Não seja bendito o dia em que me deu à luz minha mãe!"* (Jr 20:14)

E como outro homem de Deus também disse, do mesmo modo eu também digo, sem nenhum receio: _"Pereça o dia em que nasci e a noite em que se disse: Foi concebido um homem!"_ (Jó 3:3)

Não estou proferindo maldição sobre mim mesmo; estou dizendo o que os profetas disseram quando amaldiçoaram o dia em que nasceram.

Eles amaldiçoaram o dia, e não a si próprios.

Foram muitas as minhas atrocidades, por isso, como prêmio, recebi muita frustração, muitos fracassos, muitas pancadas, muita dor e sofrimento; e o resultado de tudo isso foi um coração partido.

Sim, eis aqui um homem com o coração partido.

Mas não culpo o meu Deus; culpo a mim mesmo, pois as escolhas erradas foram minhas; não culpo ninguém — porque os erros e os pecados foram meus. Longe de mim cometer tamanha injustiça!

Deus é bom, e não foi Ele quem partiu o meu coração.

Eu mesmo parti o meu próprio coração; por isso, não culpo nem o diabo, tampouco o mundo — culpo a mim mesmo: eu sou o culpado de tudo. Afinal, os erros e as maldades foram minhas e de mais ninguém.

Nem Deus, nem o mundo têm culpa — eu sou o culpado de tudo.

Porque Deus sempre desejou e sempre desejará o melhor para mim, pois Deus é bom, e Ele me ama. E o diabo não pode fazer nada, a não ser me dar sugestões e apontar o erro para me tentar, nada mais que isso. Mas eu só aceito as sugestões do diabo se eu quiser; e eu só caio na tentação se eu for fraco. E, de fato, eu fui fraco desde o começo.

Me lembro de que, quando eu era criança — na faixa dos 7 ou 8 anos de idade — me apaixonei pela primeira vez. Acredito que ela também gostava de mim — não sei, acho que sim. Dizem que crianças não se apaixonam, mas eu me apaixonei; todavia, era uma paixão pura e sem malícia. No entanto, lembro-me de ter sofrido devido a essa paixão infantil — não sei se ela sofreu. Na adolescência, lembro-me de que só queria beijar umas garotas, mas nunca consegui beijar uma garota de quem eu realmente gostava; ao contrário dos meus outros amigos, que sempre se davam bem, eu, porém, ficava só na vontade. Dizem por aí que quem tem sorte no amor tem azar no jogo, e vice-versa; mas eu nunca tive sorte nem com um, nem com outro. Mas o que isso importa?

Isso é só mais uma superstição. Tudo neste mundo é ilusão — até o dinheiro é uma ilusão, uma ilusão necessária, contudo, uma ilusão.

Porque neste mundo e nesta vida de ilusão — tudo é ilusão.

Mas, para o homem, sem dúvida nenhuma, a mulher ainda é a maior de todas as ilusões. (Não estou reclamando, não estou praguejando, nem tampouco murmurando — estou apenas desabafando.)

Enfim, cresci frustrado e complexado e, aos dezesseis anos, perdi a minha virgindade — mas não foi com nenhuma das garotas que eu sonhava beijar, e sim com uma prostituta, bem mais velha do que eu.

E essas foram, na maioria, as mulheres que eu tive na vida: apenas prostitutas. Isso foi só mais uma grande ilusão da minha mocidade.

Porque as prostitutas só amam uma coisa: o dinheiro. Acabou o dinheiro, acabou o amor; acabou o dinheiro, acabou a amizade. No final das contas, eu sempre ficava mal — sem dinheiro e sem amor.

Porém, depois, sempre que possível, eu acabava voltando para elas.

Mas eu cheguei a me casar, e fiquei casado por dez anos. Ela não era a mulher dos meus sonhos — mas nem por isso deixei de amá-la.

Ela morreu jovem — morreu jovem devido à vida louca que eu e ela levávamos, consumindo muito álcool e muita droga — e isso foi muito triste. Embora o álcool e o crack não a tenham matado diretamente, deixaram sequelas em seu corpo, que acabaram desencadeando o AVC que a matou mais tarde. Sim, o álcool e o crack ajudaram na sua morte.

E o pior de tudo é isto: acho que tenho uma boa parcela de culpa em sua morte, e lamento por isso. Ela era uma mulher complexada, pois muitos a achavam feia pelo fato de ser albina, e sofria muito com isso.

Assim como eu, ela também era desviada dos caminhos do Senhor.

Quando ela morreu, eu já não estava mais com ela, pois havíamos nos separado — mas continuávamos casados no papel. Seus últimos dias foram tristes, pois ela sofreu muito nas mãos da esquizofrenia, uma doença mental que assolou sua vida. Acho que ela se consertou com Deus a tempo, pois tinha muita fé em Jesus. Às vezes, nós íamos à igreja tentar nos consertar com Deus, mas os vícios eram mais fortes do que nós — e fiquei sabendo que, nos seus últimos dias, ela falava muito de Jesus. Sei que ela não foi santa nem perfeita, mas, da minha parte, eu a perdoei. E, se eu, que sou mau, pude perdoá-la, quanto mais Deus, que é bom. Não sei — só Deus sabe. Mas, da minha parte, ela está perdoada. Não sei da parte de Deus. Mas eu repito: se eu, que sou mau, pude perdoá-la, será que Deus, que é bom, não a perdoaria?

"Àqueles a quem perdoardes os pecados, lhes são perdoados; e, àqueles a quem os retiverdes, lhes são retidos." (Jo 20:23)

Não sei — só Deus sabe. Mas eu tenho esperança.

Eu não morri, ainda, mas fiquei vegetando por um tempo, meio perdido, sei lá... no mundo da lua. Tipo um bicho do mato, sem eira nem beira, sem rumo. Foram as consequências dos meus muitos erros.

Eu sinto vontade de me casar novamente, porém, não sei se isso seria a melhor coisa a fazer — pois eu não tenho nada de bom para oferecer às mulheres. Mas sonho é apenas sonho; entretanto, eu também não sei se quero abrir mão da minha liberdade — me casando novamente.

Também já sonhei em ter uma filha, mas Deus me conhece — por isso, Ele me poupou de ser pai. Conhecendo a minha maldade, Deus me privou disso. Pois eu não fui um bom marido, não fui um bom filho, não fui um bom irmão, não fui bom no zelo com Deus — e também não seria um bom pai. Mas eu desconfio que nunca mais vou poder me casar, nem ter filhos. Não sei direito — é uma intuição que eu tenho.

Sinto que ainda tenho que pagar por algo.

Quando Deus decreta algo no Seu furor, não há mais como voltar atrás. Ele decretou que Moisés não entraria na terra prometida — e Moisés não entrou. Mas Moisés não guardou mágoa do Senhor, e eu tampouco guardo. Eu amo o Senhor, amo a justiça de Deus, amo os Seus preceitos e os Seus mandamentos, e amo o Seu grandioso caráter.

Que seja feita a vontade de Deus — e jamais a minha. Pois sei que a vontade de Deus é boa, mas a minha vontade é má e pura vaidade.

Eu aceito a minha punição, aceito o meu castigo, aceito os santos açoites — tudo que vier de Deus, eu aceito de coração aberto.

Mas não aceito nada que venha do diabo, mesmo que seja poder, dinheiro ou fama — eu não aceito, nem quero. É como diz o trecho de uma das músicas da banda Rap Sensation: — _Cristo eu não largo, e nos caminhos do diabo eu não vou nem de Mercedes-Benz..._

Mas de Deus eu aceito tudo — seja o bem, ou seja o mal.

Pois Deus é justo, e justa será a Sua sentença.

É Deus quem exalta, e é Deus quem abate. De Deus eu aceito tudo: aceito ser exaltado, mas também aceito ser abatido. Mas não aceito ser exaltado pelo homem — eu só aceito a honra e a glória que vêm de Deus. Como o Senhor Jesus disse quando estava na terra como homem:

"Eu não aceito glória que vem dos homens..." (Jo 5:41)

Assim também eu, que sou homem, não aceito a glória que vem dos homens. Os falsos profetas deveriam aprender mais sobre essas coisas.

Pois vivem em busca de glórias e honras para si mesmos.

"O Senhor é o que tira a vida e a dá; faz descer à sepultura e faz subir. O Senhor empobrece e enriquece; abaixa e também exalta, levanta o pobre do pó e, desde o monturo, exalta o necessitado..." (1Sm 2:6-8)

Sei que são muitas as minhas frustrações, mas de Deus eu não tenho nada a reclamar. Porque, desde sempre, o Senhor só me fez o bem.

Na verdade, eu tomei muitos tombos e tive muitas recaídas — e foi isso que acabou comigo. Deus sabe que não estou reclamando, nem tampouco murmurando; estou apenas me lamentando. Grande é o meu lamento, mas não há lamento sem causa — eu sou a causa do meu lamento. Pelo menos não estou sendo um covarde, jogando a culpa nos outros. Não! Eu assumo toda a culpa — a culpa é toda minha.

Mas sei de uma coisa que deixa os nossos inimigos irados: eles já estão condenados, perdidos e julgados; mas para nós, ainda há esperança e salvação. Mas não se pode ter tudo — não podemos ter Deus e o mundo. O Senhor disse acerca do apóstolo Paulo: *"Pois eu lhe mostrarei quanto lhe importa sofrer pelo meu nome."* (At 9:16)

E o apóstolo Paulo, por sua vez, disse isto: *"Porque para mim tenho por certo que os sofrimentos do tempo presente não podem ser comparados com a glória a ser revelada em nós."* (Rm 8:18)

Os pregadores de rosas não gostam de pregar os espinhos — mas eu estou pregando os espinhos, e as consequências de uma vida depravada e pecaminosa, longe da vontade de Deus. *"Porque não se colhem figos de espinheiros, nem dos abrolhos se vindimam uvas."* (Lc 6:44)

Eu sei que sou mau, e estou colhendo o mal que eu mesmo plantei.

Então, me poupe — não me venha com palavras vazias de livros de autoajuda. Porque a minha vida está nas mãos do Senhor. No dia em que Ele quiser me curar, eu serei curado. Leve o tempo que levar, eu vou esperar e buscar — pois disso depende a minha vida, que está nas mãos do meu Deus. Mas, de fato, Ele tem se compadecido de mim, porque eu costumo estragar tudo. Para um homem falho como eu, acho que há o mal necessário — para que tudo seja refeito de novo, do zero.

O vaso imperfeito precisa ser quebrado, de fato, para ser refeito novamente. Porque Deus é poderoso para juntar os meus pedaços e fazer de mim uma obra nova — uma obra novinha em folha.

E não há coração partido que Ele não possa consertar.

Por isso, a minha esperança permanece firme em Deus.

Na hora certa, no tempo certo, e no momento certo — de repente — eu creio que Ele agirá. *"Agindo eu, quem impedirá?"* (Is 43:13)

Porque a Palavra do Senhor Jesus também diz: *"Sabemos que todas as coisas cooperam para o bem daqueles que amam a Deus..."* (Rm 8:28)

Ora, eu amo o Senhor. Posso ser fraco, posso ser um miserável pecador — mas eu amo o meu Deus. Quem poderá dizer que não?

Mas, no momento, eu sou só lamentos. Grande é a minha tristeza; me sinto como um cão inútil — um cão inútil de coração partido.

São muitos os meus erros e inumeráveis os meus defeitos.

Sou imperfeito, do alto da cabeça até as plantas dos pés.

Eu sou o problema. De fato, os meus tropeços e as minhas recaídas me trouxeram muitas dúvidas. E o mar das dúvidas me enche de incertezas — e isso enfraquece bastante a minha fé, e como enfraquece.

Mas, como um cachorro arrependido, eu volto com o rabo entre as pernas. Mergulho nas lembranças e quase morro afogado — só não morro porque o Senhor me sustenta, por Suas muitas misericórdias.

Às vezes, fica difícil continuar; o desânimo, às vezes, é avassalador.

Mas não é por falta de fé em Deus — é por falta de fé em mim mesmo. Só estou vivo porque Jesus é a minha vida — a força que me sustenta. Não estou reclamando, nem murmurando, nem tampouco me amaldiçoando — estou apenas me lamentando. Por acaso isso é errado?

Mas, para muitos que se vangloriam em si mesmos, isso não é de praxe. Eis aqui um homem de coração partido — aliás, um rascunho de homem, o menor de todos os homens, de fato, sem nenhum exagero.

Quem vai curar o meu coração partido?

O meu Deus vai curar o meu coração partido.

"Tudo é possível ao que crê." (Mc 9:23)

E eu creio. Sim, continuarei crendo.

Capítulo 08

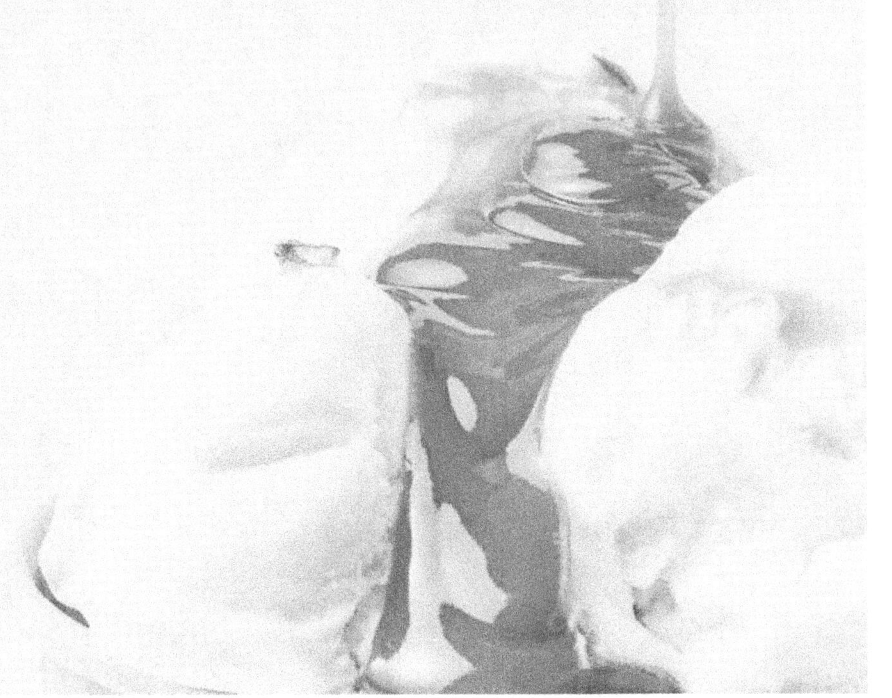

Vaidade de vaidades, tudo é vaidade.

O Criador sabe de todas as coisas e está a par da situação do mundo que Ele criou. O Senhor disse ao profeta: *"Que é que vês, Jeremias? E eu disse: Vejo uma vara de amendoeira. E disse-me o SENHOR: Viste bem, porque eu velo sobre a minha palavra para a cumprir."* (Jr 1:11,12)

O que isso significa? Isso significa que os olhos de Deus estão sobre a sua Palavra, para que nenhuma de suas promessas deixe de se cumprir.

Isso também significa que os olhos de Deus estão sobre a terra, e Ele irá executar o seu propósito. Assim como nós estamos vendo tudo que está acontecendo aqui na terra, Deus também está vendo tudo, em tempo real. Então é melhor eu tomar cuidado, porque os olhos de Deus estão atentos; não há como escapar da ira do Rei, não há como se esconder dos olhos do Altíssimo, não há como deter o Todo-Poderoso. Os olhos de Deus estão atentos e são como chamas de fogo: *"Os olhos do Senhor estão em todo lugar, vigiando os maus e os bons."* (Pv 15:3)"

Quão indescritíveis são as suas obras, quão maravilhosos são os seus feitos, quão profundos são os seus pensamentos. Deus seja louvado e exaltado! Maravilhoso Deus, maravilhosa graça! Glória ao Deus santo!

A sabedoria me fez um convite: ela quer me conhecer, pois eu ainda não a conheço, mas quero muito tomá-la em meus braços. Qualquer dia vou preparar um belo jantar à luz de velas e vou convidá-la.

Se ela aceitar o meu convite, vou aproveitar a oportunidade e pedi-la em casamento, pois já tenho as alianças para selar a nossa união.

Se ela aceitar se casar comigo, então nos casaremos.

E não será até que a morte nos separe — será eternamente.

Pois já me divorciei da insensatez, mas ela ainda não engoliu nossa separação; por isso, de vez em quando, me faz visitas. Mas, se eu me unir à sabedoria, a insensatez me deixará em paz. Assim, estarei fazendo o que é bom para mim mesmo. Pois a sabedoria estava com o Altíssimo desde o princípio, e dela o Todo-Poderoso não tem ciúmes, pois ela e o Todo-Poderoso têm os mesmos planos e pensamentos.

Na verdade, eles são um, pois ela está em Deus e vive para fazer a vontade de Deus. Na verdade, Deus é a sabedoria, a inteligência, a ciência, o conhecimento e o entendimento. Por isso, é impossível que a verdadeira sabedoria ande na contramão da vontade e dos caminhos do Senhor; pois o Senhor a estabeleceu para isso: para que ela conduza os filhos de Deus aos caminhos que agradam o Senhor — os caminhos da retidão e da justiça, da verdade e da piedade, do amor e da fé.

Mas onde eu a encontrarei?

Ora, a verdadeira sabedoria está em temer ao Senhor.

E o que é temer ao Senhor? Por acaso é ter medo de Deus? Não.

Temer a Deus é fazer a sua vontade, é tributá-lo, respeitá-lo, honrá-lo, reverenciá-lo, amá-lo, adorá-lo e reconhecê-lo como o Deus Criador, o grande benfeitor da humanidade. O temor do Senhor é o princípio da verdadeira sabedoria. *"O temor do SENHOR é o princípio da sabedoria, e a ciência do Santo, a prudência."* (Pv 9:10)

Porque sei que lá no alto, acima de tudo e de todos, assentado em um grande Trono Sublime e Majestoso, no seu Santo Templo, Deus vive e mantém o controle; tudo está sob o seu domínio. Sim, o Deus Vivo e Bendito, que não pode mentir nem ser infiel, vive para sempre — e isso é o que me conforta. É confortante saber que eu posso confiar em Deus, pois Ele é digno de toda confiança; Ele nunca falhou e nunca falhará. Mas eu sou pura vaidade, e grande é a minha ilusão; até agora continuo sendo um insensato, até agora não alcancei a verdadeira sabedoria. Pode um saco de estrume deixar de ser um saco de estrume?

Um saco de estrume é um saco de estrume — não há como mudar isso. E mesmo que ele não queira ser um saco de estrume, nem por isso deixará de ser o que é: um saco de estrume. Assim também eu, mesmo não querendo ser o que sou, nem por isso deixarei de ser o que sou.

Eu posso até melhorar, posso me tornar uma alma melhor, mas sempre serei o mesmo — para minha tristeza. *"Aquilo que é torto não se pode endireitar, e o que falta não se pode calcular."* (Ec 1:15)

Devido às minhas frustrações e decepções, grande tem sido a minha tristeza; sim — a minha dor tem crescido e se agravado dentro de mim.

Aprendi que eu até posso me purificar por fora, tomando um bom banho com água e sabão; mas o meu interior só Deus pode purificar — e isso através do meu arrependimento sincero e verdadeiro, não fingido.

(E eu também sou lavado quando me lavo na Palavra de Deus.)

Sem arrependimento, não há perdão; e sem perdão, não há salvação.

Sem arrependimento, não há como ser purificado. E o Senhor não está preocupado com o meu exterior, e sim com o meu interior, pois Deus não vê como os homens veem. O homem olha o exterior e julga pela aparência, sem hesitar; mas Deus olha para o coração. *"Porque o SENHOR não vê como vê o homem. Pois o homem vê o que está diante dos olhos, porém o SENHOR olha para o coração."* (1Sm 16:7)

Porque o que Deus busca no homem é um coração sincero.

Tenho observado o quanto as pessoas mudam quando se aproximam de Deus — elas mudam para melhor, e não para pior. A transformação do recém-convertido é notória, quando é verdadeira e sincera, é claro.

Ele, ou ela, se torna uma pessoa melhor: — o que fazia o mal, agora faz o bem; — o que odiava, passa a amar; — o que fazia fofoca, agora evita a roda dos fofoqueiros; — o que furtava, agora procura fazer doações; — o que machucava, agora busca sarar as feridas; — o que chorava, agora sorri, enfim. Isso acontece porque a pessoa escolheu se aproximar de Deus; Deus a chamou, e ela atendeu ao seu chamado.

Agora, a essência de Deus está enchendo toda a sua vida. Como uma esponja lançada na água, que absorve o máximo de líquido possível, assim também os que se aproximam de Deus absorvem a sua bondade, a sua pureza, a sua santidade, a sua justiça, a sua fidelidade e o seu amor. Porque Deus é maravilhoso — apenas n'Ele estão todas as boas virtudes. Não há outra fonte: Deus é a única, a plena e a verdadeira fonte da vida. Porque só Deus é Bom, só Deus é Justo, só Deus é Verdadeiro, só Deus é Puro, e só Deus é Santo. E acontece que todo aquele que se aproxima de Deus pela fé, e com um coração sincero, recebe de graça a sua essência, a sua virtude e o seu nobre caráter.

Os próprios anjos de Deus só são o que são porque Deus assim os criou — e porque eles bebem da fonte inesgotável do Deus Altíssimo.

Porque é Deus quem sustenta tudo e todos. Todos os que bebem da fonte do Deus Altíssimo carregam dentro de si o DNA do Deus Eterno.

Tudo vem de Deus, por isso Ele é o principal e o essencial; o resto é resto — o resto pouco importa. Deus é o único que realmente importa.

O que importa é Deus. Todo o resto é vaidade e superstição.

Porque tudo de bom que há em mim vem de Deus; sem Deus, eu não poderia praticar nenhum ato de justiça, nem de bondade, nem de amor, nem de misericórdia, nem de pureza, nem de fidelidade. Sem Deus, seria impossível trilhar os caminhos da verdade, da retidão e da justiça.

Por isso, cheguei à conclusão de que Deus não espera nada de mim, senão um coração sincero que o busque — sim, que busque a sua salvação. Deus não procura perfeição nenhuma em mim, senão uma fé sincera. Porque uma fé sincera me conduz às boas obras, faz com que eu produza bons frutos e me leva ao amor; e o amor é um dom perfeito, um caminho altamente excelente, o maior e o melhor de todos os dons.

"Acima de tudo, porém, tende amor intenso uns para com os outros, porque o amor cobre multidão de pecados." (1Pe 4:8)

Não há dom melhor nem superior a esse.

Quem já ouviu esta expressão: — _Este é o cara!_

Acerca do amor, eu digo: — _Este é o dom!_

Que Deus derrame o seu amor sobre mim: — para que eu possa amar o meu Deus cada vez mais, acima de todas as coisas; — para que eu possa amar o meu próximo como a mim mesmo, sem hipocrisia; — para que eu possa me alegrar com os que se alegram e chorar com os que choram. Os outros dons podem me corromper, mas o amor jamais.

O amor é o maior e o melhor de todos os dons.

Mas a religião cria protocolos, para que as pessoas sirvam a Deus dentro dos seus protocolos — e assim a religião suprime a fé genuína.

Para Deus, porém, só há um protocolo capaz de salvar, curar, libertar e abençoar: esse protocolo se chama fé. No entanto, a religião continua complicando tudo com seus protocolos e seus dogmas.

Porém, o Deus humilde de coração é simples — e, em contraversão, Ele simplifica tudo quando diz: _"Não temas, crê somente. [...] Não te disse eu que, se creres, verás a glória de Deus?"_ (Mc 5:36) (Jo 11:40)

Como a mulher que sofria com hemorragia: ela não precisou seguir nenhum protocolo para ser curada, liberta, abençoada e salva — não mesmo. Foi a sua fé que a curou, libertou, salvou e abençoou. Porque foi pela fé que ela trouxe o poder de Deus para si; ela não pediu nada a Jesus — apenas o tocou, e o poder saiu de Deus para curá-la. (Mc 5:28)

Isso mesmo, Jesus sentiu o poder saindo d'Ele para curá-la.

A vida está fluindo — ela não para de fluir.

E a vida é Deus, e Deus é a vida. As obras de Deus são maravilhosas e grandiosas; até mesmo as suas criações mais simples são esplêndidas.

Na verdade, a vida em si já é um milagre — sim, o maior de todos os milagres, indubitavelmente. Tudo o que nós sentimos — a alegria, o amor, a paz, o prazer, o medo, a dor, os variados sentimentos, as emoções, enfim. — Deus deu a cor, Deus deu o tom, Deus deu a textura, Deus deu a forma, Deus deu a aparência, Deus deu o fôlego de vida. Deus deu a melodia e a audição; Deus deu o toque e o tato; Deus deu a paisagem e a visão; Deus deu o sabor e o paladar; Deus deu a fragrância e o olfato. Tudo Ele fez por amor, e tudo Ele deu ao homem de graça — e continua cuidando do homem, ainda que ele não mereça.

O Grande Mestre, Jesus Cristo, disse: *"Pois a vida é mais do que o alimento, e o corpo, mais do que as roupas."* (Lc 12:23)

Mas nós, seres humanos, somos cheios de vaidade. A palavra de Deus, porém, é simples e eficaz. Na verdade, só mesmo a palavra de Deus é boa — o resto é tudo ilusão. Minhas palavras podem ser muitas, o bastante para encher os oceanos, mas são tão fúteis e rasas quanto uma poça d'água. Isso porque eu sou pura vaidade, e minhas palavras são meras ilusões. Palavras são apenas palavras — que proveito há em minhas palavras vazias? "Palavras são apenas palavras", disse o cooperador. Palavras são apenas palavras — para que elas servem?

Elas não matam a fome do faminto, não saciam a sede do sedento, e não aliviam nem uma dor de dente. Toda ação produz uma reação; as poucas ações são melhores do que as muitas palavras. Porque as minhas muitas palavras só irão aumentar a minha vaidade e o meu orgulho. Mas é isso que muitos pregadores fazem — só sabem falar.

Mas as palavras que saem da boca do homem é pura vaidade.

Contudo, eles continuam tagarelando. *"Quanto mais palavras, mais ilusão. Que proveito o homem tira delas? [...] Em todo trabalho há proveito; meras palavras, porém, levam à penúria."* (Ec 6:11) (Pv 14:23)

A maioria dos pregadores sobe ao púlpito e fica diante do povo falando, falando, falando e falando — é só isso que eles fazem: só falam. Não há poder, não há glória, não há a presença de Deus.

Muita palavra e pouco poder; muitas palavras e muita vaidade.

Por isso, todo homem de fé precisa ter bom senso e equilíbrio.

Na verdade, a única palavra que vale é a palavra que sai da boca do Senhor; porque a palavra que sai da boca do homem é como a fumaça que sai da chaminé — que vai se dissipando pelo ar. Somente a palavra que sai da boca de Deus é boa e verdadeira, porque só Deus é poderoso para pronunciar palavras poderosas; mas as palavras que procedem dos homens são apenas fantasias. Vaidade de vaidades, tudo é vaidade.

Toda criação de Deus é boa e maravilhosa, mas na terra dos viventes, Deus sujeitou tudo à vaidade. *"Porque a criação ficou sujeita à vaidade, não por sua vontade, mas por causa do que a sujeitou..."* (Rm 8:20)

Tudo é vaidade, e correr atrás do vento. (Ec 1:14)

O que o homem espera da vida? Tudo o que ele faz é sonhar — ele nunca está satisfeito, está sempre querendo algo a mais. É esse 'algo a mais' que o faz embarcar na grande embarcação dos sonhos mundanos.

E os seus sonhos se tornam fantasias, e as suas fantasias se tornam delírios. Mas, no final de tudo, o homem acaba voltando ao pó; e os seus sonhos, suas fantasias e os seus delírios acabam deixando de existir — assim como o homem acaba virando comida de vermes. Pois o que é, em breve deixará de ser. Porque a vida do homem é como a neblina da manhã, que logo desaparece. Na terra dos viventes, nada dura para sempre; e tudo que não dura para sempre é ilusão. *"Vaidade de vaidades, [...] vaidade de vaidades, tudo é vaidade."* (Ec 1:2)

Eu sou apenas um sonhador com uma caneta na mão e muitas folhas de papel em branco, cheio de esperança e de vaidade — isto é, de ilusão.

Mas, se o que estou fazendo vem de Deus, isso será proveitoso.

Porém, se o que faço vem de mim mesmo, isso será uma grande perda de tempo. E o tempo é algo que acaba com o homem nesta vida de ilusão, pois o nosso tempo é tão curto, que não sei se vale a pena sonhar ou fazer projetos debaixo do sol. Pois tudo passa tão rápido — você morre, e não consegue ver o resultado. Essa é a tristeza do pó.

Minha loucura pesa sobre mim! O que há de errado comigo?

Melhor seria se eu fosse como a maioria das pessoas — assim, a minha dor seria menor, e a minha decepção não seria tão grande.

Pois sei que a minha meditação é uma loucura para o mundo.

Porque parece que só eu, o menor dos homens, estou enxergando que, na terra dos viventes, tudo é vaidade. (Sou pequeno e necessitado, é isso que sou; é assim que Deus quer que eu seja. Entendendo isso, também entenderei a minha realidade.) *"Apliquei o coração a examinar e a informar-me com sabedoria de tudo quanto sucede debaixo do céu; este enfadonho trabalho impôs Deus aos filhos dos homens, para nele os afligir. Atentei para todas as obras que se fazem debaixo do sol, e eis que tudo era vaidade e correr atrás do vento."* (Ec 1:13,14)

De vez em quando, me vêm à memória os dias em que estive morando nas ruas. No começo foi difícil, na metade foi doloroso, e no final eu ainda não estava acostumado; pois é uma vida muito triste.

Embora haja muitas pessoas que já se acostumaram a morar na rua, eu, porém, nunca me acostumei — e foram anos morando na rua. De cidade em cidade, de albergue em albergue; na rua, dormindo sobre um papelão, com um olho aberto e o outro fechado. Em lugares perigosos, com medo de dormir e não acordar; com receio, com frio e com fome, sonhando com uma vida normal — com um teto sobre a minha cabeça.

Na maioria do tempo, bêbado e drogado; e, quando eu ficava sóbrio, ficava depressivo, melancólico, pensando que a minha vida poderia ser melhor. Então, pra esquecer, voltava a beber e a me drogar, pedindo esmola e sendo humilhado. Mas eu confesso que não tenho medo de que haja um imprevisto e eu tenha que voltar a morar na rua; não, não temo isso. E isso não é de praxe. É claro que eu não quero que isso aconteça, mas, se acontecer, o meu psicológico já está preparado para suportar a calamidade. E isso não é de praxe. *"Surpreenderam-me no dia da minha calamidade, mas o SENHOR foi o meu amparo."* (Sl 18:18)

Porque eu prefiro morrer como o mendigo Lázaro do que morrer como o homem rico. O apóstolo João também provou a calamidade quando esteve exilado na ilha de Patmos. Todos os apóstolos sofreram neste mundo; a vida do profeta Jeremias também não foi nada fácil.

Na verdade, nenhum dos profetas teve uma vida fácil.

Por que seria diferente com o povo da igreja do século 21?

Mas os tais profetas de hoje não aceitam passar dificuldades; pelo contrário, todos eles amam uma vida de luxo e de regalias.

(Todavia, quem muito tem, muito também precisa ajudar.)

Davi viveu muitos anos como peregrino, fugindo do rei Saul, antes de se tornar o rei de Israel. E sem falar do sofrimento de José no Egito.

Parece até que a unção e a glória de Deus na vida de um homem têm o seu preço aqui na terra. Como está escrito: *"Alguns foram torturados e não aceitaram ser livrados, para alcançar uma melhor ressurreição; e outros experimentaram zombaria e espancamentos, correntes e prisões. Foram apedrejados e provados, serrados ao meio, morreram ao fio da espada, andaram vestidos de peles de ovelhas e de cabras, aflitos e maltratados. O mundo não era digno dessas pessoas. Andaram vagando por desertos e montes, por cavernas e buracos da terra."* (Hb 11:35-38)

E o Senhor Jesus também disse isto: *"As raposas têm covis, e as aves do céu têm ninhos, mas o Filho do Homem não tem onde reclinar a cabeça. E outro de seus discípulos lhe disse: Senhor, permite-me que, primeiramente, vá sepultar meu pai. Jesus, porém, disse-lhe: Segue-me e deixa aos mortos sepultar os seus mortos."* (Mt 8:20-22)

Nós vemos o total desinteresse do Senhor Jesus Cristo pelas coisas desta vida, porque esta é a verdadeira mensagem que Ele veio passar:

— *O Reino de Deus chegou. Mas o meu Reino não é deste mundo.*

Todavia, muitos querem transformar este mundo no Reino de Deus.

Mas o próprio Senhor disse: *"O meu reino não é deste mundo. [...] Eles não são do mundo, como também eu não sou."* (Jo 18:36) (Jo 17:16)

Nós também vemos o exemplo dos primeiros cristãos, relatado no livro de Atos — que nos mostra uma igreja bem diferente da igreja de hoje: *"A multidão dos que criam estava unida de coração e de propósito; ninguém afirmava ser sua alguma coisa que possuísse, mas tudo era compartilhado com todos. [...] Pois não existia nenhum necessitado entre eles; porque todos os que possuíam terras e casas, vendendo-as, traziam o valor do que vendiam e o depositavam aos pés dos apóstolos. E se repartia a qualquer um que tivesse necessidade."* (At 4:32,34,35)

Com isso, nós vemos outro exemplo de total desinteresse dos primeiros cristãos pelas coisas desta vida e deste mundo — totalmente o oposto dos cristãos dos dias atuais. A nossa geração é vergonhosa.

Não há como negar este fato. Os cristãos de hoje são como bonequinhas de porcelana, cheios de frescura. Porque amam demais a si mesmos e as suas vidas neste mundo. Mas eu escrevo essas coisas para mostrar o quanto a nossa geração é má, o quanto nós somos egoístas, e o quanto ainda estamos ligados às coisas deste mundo.

E ainda há crentes que são soberbos. Deveríamos estar com o rosto vermelho de vergonha, e não ensoberbecidos como muitos, que amam o dinheiro e uma vida de luxo. Pronto, falei — e jamais voltarei atrás!

Uma vez, eu vi um pastor se engrandecendo diante da igreja. Ele dizia ao povo, com um certo tom de arrogância: — *Pra mim, não faz diferença pagar vinte reais ou duzentos reais em um corte de cabelo.*

Mas eu tenho certeza de que, na igreja desse pastor, deve haver algum membro passando necessidade. Quem dera se todo membro da igreja desse pastor fosse como ele. Então ele até poderia se gabar, sem receio de estar ofendendo algum irmão. Mas, na verdade, muitos gostam de ser esbofeteados, porque aceitam tudo isso numa boa.

"Tolerais quem vos escravize, quem vos devore, quem vos detenha, quem se exalte, quem vos esbofeteie no rosto." (2Co 11:20)

Em algumas coisas, a igreja não mudou — de fato. Por outro lado, em outras, mudou muito. Isso porque, na época dos apóstolos, a igreja não seguia os padrões de vida das pessoas do mundo, como acontece nos dias de hoje. Porque nos dias atuais, a mesma vaidade que há no mundo também já está dentro das igrejas. E quando eu falo em igreja, não estou me referindo à instituição, mas ao povo e aos seus líderes.

Esqueceram o evangelho de Cristo — as boas notícias da chegada do Reino de Deus — e se adaptaram a um novo evangelho, no qual a cobiça e a ganância se tornaram novos mandamentos, pois ensinam as pessoas a prosperar, a amar o dinheiro — e a criar raízes neste mundo.

Mas o verdadeiro evangelho nunca nos ensinou essas coisas.

Os pregadores ensinam vaidade ao povo, e parece que o povo gosta de se alimentar de vaidade. Então, se é isso que eles querem, que se empanturrem de vaidade e de ilusão. E digo mais, sem nenhum receio:

Eu digo que o povo tem os pregadores e os profetas que merece.

Se é esterco que as ovelhas querem comer, então que comam — mas os pastos verdejantes ficarão para as ovelhas fiéis. *"Eles dizem aos videntes: Não tenhais visões; e aos profetas: Não profetizeis para nós o que é reto; dizei-nos coisas aprazíveis, profetizai-nos ilusões..."* (Is 30:10)

Vaidade de vaidades, tudo é vaidade.

O riso só dura um instante, a piada já perdeu a graça; o que virá depois? Porque o homem pode até sonhar, mas nunca vai conseguir criar uma máquina do tempo. Ele vai ter que se contentar com uma alegria passageira, sem poder voltar aos seus momentos felizes; reinventar-se é a única saída para o homem, porque tudo passa.

O passado já passou, e não voltará jamais.

Como na Copa do Mundo, ou até mesmo em qualquer outro campeonato de futebol; a alegria e a euforia que a pessoa sente no dia em que o seu time é campeão. Mas depois tudo passa e perde a graça, como fogo de palha que logo se apaga. A alegria da vitória vai virando cinzas, e aos poucos vai caindo no esquecimento. Que grande ilusão!

Os homens dizem que a Copa do Mundo é uma coisa boa, mas como pode ser uma coisa boa, se ela traz alegria para poucos e tristeza para muitos? Pois, de trinta e dois países, apenas um traz para o seu povo a alegria de ser campeão. Não, isso não pode ser bom — isso é egoísmo.

Os homens se matam por seus times de futebol.

Mas o que eles ganham quando o seu time é campeão?

Será que ganham alguma coisa?

Não, eles não ganham absolutamente nada.

Apenas uma porção de ilusão, servida num prato de vento.

Vaidade de vaidades, tudo é vaidade.

Tudo é como correr atrás do vento.

Tudo resulta em canseira, enfado e cansaço — tudo é ilusão.

"Por isso, a vida começou a não valer nada para mim; ela só me havia trazido aborrecimentos. Tudo havia sido ilusão; eu apenas havia corrido atrás do vento. Tudo o que eu tinha e que havia conseguido com meu trabalho não valia nada para mim. Sabia que teria de deixar tudo para o rei que ficasse no meu lugar." (Ec 2:17,18)

Sei que a minha dor, um dia, vai passar, e a minha frustração não vai durar para sempre. Por isso, eu digo que somente Deus me satisfaz; Ele mesmo é quem irá me resgatar desta vida de vaidade e de ilusão.

Ó Deus do Céu e da Terra, até quando o homem viverá na vaidade?!

Capítulo 09

Vaidade de vaidades, tudo é vaidade.

Parte 02

A cidade está em chamas! Não, acho que não — são apenas as luzes coloridas e ludibriantes do Natal. Ó, não... de novo não — outra vez!

Detesto as festas de fim de ano, não gosto nada desse espírito generalizado, e isso não é de praxe. *"Tens, contudo, a teu favor que odeias as obras dos nicolaítas, as quais eu também odeio."* (Ap 2:6)

Detesto ilusão, detesto a sensação de uma falsa esperança, não vou compactuar com nenhuma alegria genérica. Detesto hipocrisia, detesto falsidade, detesto a mentira. Pra mim, já basta — até quando!

Eu quero a verdade, somente a verdade, e nada mais do que a verdade; pois, na verdade, não há vaidade. Ao contrário da mentira, pois as pessoas mentem por pura vaidade. A mentira, sim, é de praxe, e não a verdade. Vaidade de vaidades, tudo é vaidade; e tudo é ilusão.

Deus é bom, e as suas misericórdias duram para sempre, mas, no dia do Juízo, muitos que pensam que são terão uma grande surpresa.

Mas eu, me conhecendo muito bem, conhecendo os meus defeitos e as minhas imperfeições, temo e tremo. Existe um mal dentro de mim, e eu preciso acorrentar esse mal para que ele não tome conta de mim.

É como um espinho na carne, mas a graça do Senhor Jesus me basta.

No dia da minha redenção final, quando eu for liberto deste corpo de pecado que voltará ao pó, então esse mal será vencido de uma vez por todas; não vejo a hora disso acontecer. A minha luta é constante, dia após dia. *"Pelo seu amor e pela sua compaixão, ele os remiu... [...] ele remirá Israel de todas as suas maldades."* (Is 63:9) (Sl 130:8)

Mas, por enquanto, eu sigo andando pela passarela da vaidade, eu e a minha grande ilusão. Sim, quanta ilusão! Estou frustrado, porque, quando olho ao meu redor, vejo que tudo é vaidade. Há quem pense que a palavra de Deus é uma espécie de livro de autoajuda, mas não é; a palavra de Deus não tem nada a ver com os livros de autoajuda.

Porque os livros de autoajuda ensinam a pessoa a ser autoconfiante, ensinam a pessoa a depender de si mesma e de sua própria capacidade.

Os livros de autoajuda afagam o ego humano e fazem com que o indivíduo se sinta a pessoa mais especial e mais importante do mundo.

Mas a Palavra de Deus não ensina o homem a confiar em si mesmo, pelo contrário, a Palavra nos ensina o oposto. Porque assim Deus nos adverte: *"Maldito o homem que confia no homem, e faz da carne o seu braço, e aparta o seu coração do SENHOR! [...] Bendito o varão que confia no SENHOR, e cuja esperança é o SENHOR."* (Jr 17:5,7)

A Palavra de Deus ensina o homem a confiar somente em Deus, ensina o homem a buscar a ajuda e o socorro que vêm de Deus; não ensina o homem a confiar no homem, tampouco em si próprio.

Porque, nos livros de autoajuda, o homem é o centro de tudo; mas, na Palavra de Deus, Deus é o centro de tudo — e não o homem.

Para muitas pessoas, isso é perturbador, porque, para elas, são elas que são o centro de tudo. Mas a Bíblia Sagrada exalta a Deus e revela o seu caráter e a sua vontade; os livros de autoajuda, porém, exaltam o homem e fazem com que ele busque a sua própria vontade, enaltecendo o seu grande egoísmo. Sei que a Palavra de Deus não é vaidade, e sim a mais pura verdade; mas os livros de autoajuda, sim, são pura vaidade.

Pra mim, não servem nem como papel higiênico — mas podem servir como um bom combustível para alimentar uma grande e bela fogueira.

Existem tantos escritores no mundo, existem tantos livros, que, se colocarem todos enfileirados, acho que dá para dar várias voltas ao redor do mundo. Mas, pra mim, grande parte desses tais livros foi um grande desperdício de árvores; a maioria é vaidade, a maioria é um poço vazio. Pois a maioria dos escritores é motivada a escrever visando apenas o lucro. Porque, na verdade, eles só querem ganhar dinheiro e fama com a venda dos seus livros — isso é a arte virando comércio.

Tudo gira em torno do dinheiro. O dinheiro é o deus deste século — e não só deste século, mas também dos anteriores; é o deus dos povos, é o deus do mundo. Por isso, nós, cristãos, precisamos aprender a resistir a esse deus, para não nos apegarmos a ele, nem tampouco amá-lo, nos deixando levar pelo seu poder; pois ele pode nos dar muitas coisas.

Mas, infelizmente, muitos crentes já se renderam a esse deus e, para se justificar, dizem que o dinheiro é uma grande bênção vinda de Deus.

Se entregaram à ganância, se prostraram aos pés do dinheiro, deixaram de resistir à tentação, à ambição e à cobiça — e, como pretexto, dizem que Deus não é Deus de miséria, e sim de riquezas e prosperidade. Muitos já se corromperam, mas não dão o braço a torcer. A ganância e a cobiça são gritantes na igreja contemporânea.

Estão com a consciência corrompida e não conseguem enxergar, pois continuam adorando o deus Mamom. _"Entre os quais o deus deste século cegou a mente dos incrédulos, para que não vejam a luz do evangelho da glória de Cristo, o qual é a imagem de Deus."_ (2Co 4:4)

Continue assim, mas saiba que o dinheiro não vale nada no inferno.

Mas, de fato, se não fosse pela inveja que os homens sentem uns dos outros, não haveria tanta cobiça e tanta competição para ver quem fica rico primeiro. Vaidade de vaidades, tudo é vaidade. Que grande ilusão!

O meu vizinho estava contente com o seu automóvel e com a sua casa popular; estava contente com o seu emprego e com o seu salário; estava contente com a vida simples que levava. Mas, em um certo dia, ele foi ao shopping passear com sua família e, chegando ao shopping, encontrou um amigo de infância. Esse seu amigo havia se tornado um homem muito rico e o convidou para visitá-lo qualquer dia. Depois de um tempo, o meu vizinho se lembrou do convite e resolveu visitá-lo.

Chegando ao endereço do amigo, ele teve uma surpresa: viu a casa daquele homem, viu os carros, viu os bens e o estilo de vida que ele levava — e ficou pasmado, pois não sabia que seu amigo havia prosperado tanto. Então, o meu vizinho passou a ficar desgostoso da vida e já não andava mais contente com o seu bom automóvel, nem com a sua boa casa, nem com o seu bom emprego, nem com o seu bom salário. Só faltava ele ficar desgostoso até com a sua própria mulher.

Porque é a cobiça que faz o homem trair.

Mas ele já não andava mais feliz com a sua vida simples, porque viu os bens e o estilo de vida do seu amigo de infância e passou a querer ter uma vida igual à dele, deixando a cobiça dominá-lo — completamente.

Assim é a humanidade: é um querendo ser melhor que o outro, é um tentando imitar o outro, é um querendo ter tudo o que o outro tem.

Eu confesso: eu mesmo não estou satisfeito, queria ter mais, mas tenho que lutar contra isso, para que a cobiça não venha a me dominar.

Porque é isso que a Palavra de Deus nos revela: *"Então, vi que todo trabalho e toda destreza em obras provêm da inveja do homem contra o seu próximo. Também isto é vaidade e correr atrás do vento."* (Ec 4:4)

De fato, tudo o que o homem faz, ele faz por inveja e vaidade.

O homem não pensa em ser feliz — ele cobiça a felicidade dos outros.

O homem e seus costumes mundanos, o homem e suas tecnologias, o homem e sua vaidade. Tudo isso já se tornou clichê demais para mim.

Acho que estou ficando velho e caduco — isto é, ultrapassado; pois não consigo mais me empolgar com as novidades que este mundo apresenta. Mas uma coisa eu sei: tudo de novo que há no mundo é pura vaidade. Conforme o mundo evolui, a vaidade aumenta nos corações dos homens, e eles se tornam cada vez mais arrogantes e superficiais.

Homens e mulheres são como crianças mimadas, bebês chorões e ingratos, cheios de vaidade e egoísmo, querendo melzinho na chupeta.

Certa vez, vi e ouvi este slogan na mídia: — *Vidas negras importam.*

Então pensei comigo mesmo: — *Só as vidas negras importam? E as vidas brancas, não importam? E as outras raças, não importam?*

Eles querem lutar contra a segregação racial, dizendo que todos são iguais, mas essa frase — "Vidas negras importam" — é, para mim, uma das mais racistas que já ouvi. Essas campanhas que fazem contra o racismo são, na verdade, expressões de orgulho racial — assim como também há o orgulho gay (LGBTQIA+). Isso, para mim, só serve para trazer novamente à tona esse assunto, que é relembrado repetidamente e, com isso, o racismo parece aumentar cada vez mais. É como mexer nas fezes com uma vara: quanto mais você mexer, mais ela irá feder.

E outra: vitimizar a raça negra não me parece algo justo com as outras raças. Porque os negros não são melhores do que os brancos, e nem tampouco os brancos são melhores do que os negros; somos todos iguais. Quem não reconhece isso é um tolo, arrogante, estúpido e preconceituoso. Ambos são seres humanos, porque a cor da pele não significa nada. Mas não vou me aprofundar nesse assunto, porque esse movimento, assim como tantos outros movimentos, é pura vaidade — uma grande perda de tempo. *"...e correr atrás do vento."* (Ec 2:17)

Estou querendo subir a escada de Jacó; não posso perder tempo com vaidades. Não estou com cabeça para correr atrás do vento. Estou preocupado em escalar a montanha alta e íngreme que me levará a Sião — e só conseguirei chegar aos pés dessa montanha através do caminho estreito, isto é, andando em retidão. Estou tentando subir, mas várias vezes já escorreguei e rolei montanha abaixo, dando com a cara no chão. Várias vezes comecei de novo do zero, e, a cada vez que recomeçava, ia ficando mais difícil me animar para escalar novamente.

Isso porque sou muito fraco. As feridas e os hematomas causados pelas quedas me enfraqueciam muito, e tudo ia ficando cada vez mais difícil. Mas eu prefiro continuar tentando subir essa montanha do que ficar correndo atrás do vento. Vaidade de vaidades, tudo é vaidade.

"...e correr atrás do vento." (Ec 2:17)

Se alguém vir um homem correndo atrás do vento, certamente dirá:

— *Este homem está louco!*

Mas, na realidade, toda a humanidade está correndo atrás do vento.

Pois correr atrás do vento é se iludir com as coisas desta vida; porque tudo nesta vida é vaidade, tudo nesta vida é uma grande ilusão, tudo nesta vida é passageiro. Porque tudo o que não dura para sempre, de fato, é uma grande ilusão. São castelos feitos de areia, que logo serão pisados e esquecidos com o passar do tempo — é inevitável, de fato.

Há homens que erguem impérios com sua força, sua inteligência e sua capacidade; homens que se tornam podres de ricos, que estudam e trabalham a vida inteira — dando duro, sem dar descanso aos seus olhos. Eles colherão seus frutos, mas isso durará pouco tempo.

De que vai adiantar tanto trabalho e esforço, se a vida dele vai passar como a flor do campo, e todos os seus tesouros e riquezas ficarão aqui para outros, que não trabalharam, desfrutarem? Isso, sim, é mais uma grande ilusão do homem. *"...e correr atrás do vento."* (Ec 2:17)

Se ao menos ele pudesse viver uns mil anos, para poder desfrutar dos frutos do seu duro e árduo trabalho — então, sim, poderia até valer a pena trabalhar, estudar e se esforçar tanto. Pois assim é o homem: ele nasce, ele come, ele cresce, ele sonha, ele trabalha — e depois morre.

Vaidade de vaidades, tudo é vaidade.

"E olhei para todas as obras que fizeram as minhas mãos, como também para o trabalho que eu, trabalhando, tinha feito; e eis que tudo era vaidade e aflição de espírito, e que proveito nenhum havia debaixo do sol. [...] Porque há homem cujo trabalho é feito com sabedoria, ciência e destreza; contudo, deixará o seu ganho como porção a quem por ele não se esforçou; também isto é vaidade e um grande mal." (Ec 2:11) (Ec 2:21)

Vaidade de vaidades, tudo é vaidade.

Eu sonhava — e, pra falar a verdade, ainda sonho — em ter um único dom verdadeiro, algo que me torne diferente das outras pessoas.

Mas isso também é vaidade, e um grande egoísmo.

Ainda bem que Deus não atenta para tudo o que eu quero; ainda bem que Deus não dá tudo o que eu peço; ainda bem que Deus não faz a minha vontade. Já pensou se Deus dissesse "sim" para todos?

Ainda bem que Deus não diz "sim" para todos.

Certa vez, cheio de boa intenção, pensei comigo mesmo: — *Ah, quem me dera ser rico e poderoso para poder ajudar os pobres e necessitados!*

Mas o Deus que conhece as intenções do meu coração me disse:

"Porque o amor ao dinheiro é a raiz de todos os males..." (1Tm 6:10)

Quase que as minhas boas intenções me fizeram cair em tentação.

De fato, é mais fácil o dinheiro me corromper do que me tornar uma pessoa melhor. O mundo já tem muitos médicos, muitos advogados, muitos juízes, muitos cientistas, muitos arquitetos, enfim. A obra de Deus também já tem muitos pastores, muitos mestres, muitos profetas, muitos cantores, enfim. Mas a minha vontade é ser algo diferente de tudo o que já existe e foi revelado. Essa é a minha vontade — minha vontade cheia de egoísmo e de vaidade. Mas, na verdade, grande é a minha ilusão; porque nem Deus, nem a obra de Deus, nem a igreja, nem tampouco o mundo precisa de mim e da minha grande ilusão.

Eu aconselho as pessoas a não amar o dinheiro.

Digo a elas que o dinheiro é uma falsa esperança — uma falsa esperança necessária, mas, mesmo assim, uma falsa esperança.

Eu luto contra a cobiça e a ganância todos os dias; tento não amar o dinheiro, nem me apegar aos bens materiais; tento não ser muito ambicioso. Para a maioria das pessoas do mundo, isso não é de praxe.

Mas muitas vezes já me peguei triste e preocupado com a minha situação, porque estava apertado, sem nenhum dinheiro no bolso e sem nenhum dinheiro na minha conta bancária. Estava triste porque não conseguia ter o que os meus olhos cobiçavam; estava frustrado e cabisbaixo, triste pela falta do dinheiro. Estava triste porque os ladrões haviam roubado o meu celular novo, que eu tinha acabado de comprar; estava triste por causa de coisas materiais — e, para a maioria das pessoas, isso sim é de praxe. Então parei para refletir e notei que ainda estou apegado às coisas deste mundo, e isso me deixou preocupado; e, por um breve momento, senti que a minha consciência pesou. Porque sei que Deus não quer que eu me preocupe com essas coisas superficiais — que, para o mundo, não são superficiais, mas para Deus, sim.

Porque o próprio Mestre Jesus Cristo disse: _"Não é a vida mais do que o mantimento, e o corpo, mais do que a vestimenta?"_ (Mt 6:25)

Por isso, eu me envergonho de mim mesmo, porque já me alegrei com o dinheiro — assim como também já me entristeci pela falta dele.

Por acaso o dinheiro é o meu deus, para que eu venha me alegrar com ele? Ou o dinheiro é o meu salvador, para que eu venha me entristecer com a sua ausência? Será que estou amando o dinheiro?

Será que estou amando mais o dinheiro do que o meu Deus?

De fato, preciso rever os meus conceitos, preciso julgar a mim mesmo e também preciso lutar contra esse mal — contra o amor ao dinheiro.

Porque o amor ao dinheiro é, de fato, um grande mal.

Porque sinto que Deus está decepcionado comigo — e não somente comigo, mas também com todos os seus filhos que confiam mais no dinheiro, e se alegram mais no dinheiro, do que no seu próprio Deus e Salvador. Isso é lamentável, de fato — e não somente lamentável, mas também abominável. Entretanto, muitos estão cegos de tanta ganância.

Já assisti cultos nos quais o pastor dizia ao povo: — *Busque a santa presença de Deus, Ele está aqui entre nós. Vamos adorá-lo e louvá-lo.*

E o povo dizia de maneira bem frígida: — *Amém, Jesus, amém.*

Mas, quando o pastor dizia ao povo: — *Hoje o Senhor vai derramar suas ricas bênçãos neste lugar! Muitos serão abençoados, e até mesmo aqueles que nada têm vão ganhar muito dinheiro e se tornar pessoas muito prósperas! Eu vejo bênçãos de Deus! Vejo casas e carros novos!*

Então o povo gritava, clamava, erguia as mãos para o alto e dava glórias a Deus com um fervor indescritível — chegando a babar de tanta ganância, ambição e cobiça pelo dinheiro e pelos bens materiais.

Quem eles amam mais: a santa presença de Deus ou o dinheiro e os bens materiais? Pra mim, está bem claro — eles amam mais o dinheiro.

Porém, a maioria do povo não admite o seu amor pelo mundo.

Houve um dia em que a minha mãe me disse: — *Francisco, você precisa pintar a janela do seu quarto antes que a ferrugem acabe com ela!*

Então eu disse: — *Fica tranquila, Dona, porque antes que a ferrugem consuma a janela, a terra já terá me consumido; porque a vida do homem é curta, e eu logo vou partir desta vida pra melhor. Mas a janela, mesmo estando enferrujando, ainda vai durar por muitos anos na minha ausência.*

Vaidade de vaidades, tudo é vaidade.

Por isso, Deus nos entregou à vaidade, para que nós venhamos a nos iludir com as coisas deste mundo; isso porque nós somos maus.

Nós pagamos o preço das nossas próprias maldades; sofremos porque merecemos o sofrimento. Não me diga que não merecemos — é claro que nós merecemos. Nós nos embriagamos com a mentira, nos deleitamos com a fantasia, flertamos com a vaidade, nos apegamos ao egoísmo — e, no fim, acabamos nos braços da ilusão. Até o dia da nossa morte — então, a ilusão termina, quando o pó retorna ao pó.

Vaidade de vaidades, tudo é vaidade.

Capítulo 10

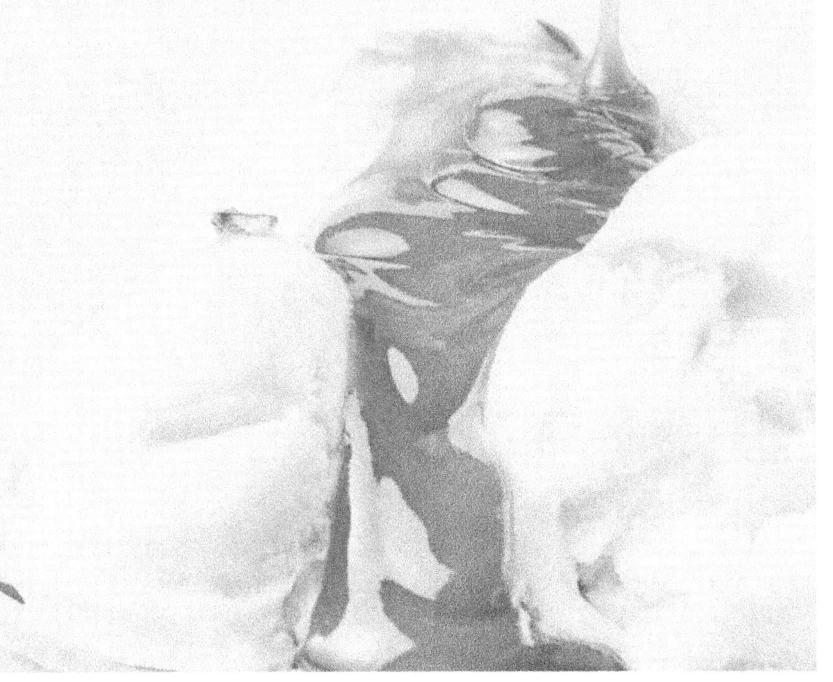

Vaidade de vaidades, tudo é vaidade.

Parte 03

Nada nesta vida permanece, sempre há mudanças e variações; tudo passa e tudo muda de lugar. O _McLanche Feliz_ não durará para sempre. O prazer não permanece, o sabor não permanece, a alegria não permanece, a felicidade não permanece; os momentos bons passam, e os maus momentos vêm. A nossa vida é repleta de mudanças e variações. Meu Deus do Céu, de fato, o pó é uma grande ilusão!

Será que algo nesta vida vale a pena?

Como o casal de noivos que se prepara para o tão sonhado casamento. Eles fazem planos, economizam dinheiro, compram aos poucos o enxoval de cama, mesa e banho, os móveis, os utensílios do lar, os eletrodomésticos e a tão sonhada casa; para que, no dia em que se casarem, tudo já esteja pronto. Realmente, tudo isso é de praxe.

Enfim, chega o dia do casamento, e os noivos se preparam para a grande festa — tudo já está pronto. A mulher se produz, vai ao salão de beleza, faz um penteado, as unhas das mãos e dos pés, se depila, se maquia, prova o seu lindo vestido de noiva e fica parecendo uma princesa. O homem, de igual modo, fica empolgado com o dia do seu casamento, se reúne com seus amigos e faz uma despedida de solteiro.

Quando é chegada a noite mágica do casamento, tanto para o homem quanto para a mulher, aquele dia se torna o dia mais feliz de suas vidas — um dia maravilhoso, como um sonho que se realizou.

Os convidados enchem o salão de festa, felicitam os noivos, se alegram com as músicas, com as danças, com a comida e com a bebida.

A noite está perfeita, o clima é puro frenesi.

Presentes, padrinhos, amor, alegria, fotografia, filmagem, felicidade e fogos de artifício. Enfim, a festa termina, e os noivos vão para a lua de mel concretizar o seu matrimônio, em um dia que aparentemente foi perfeito. E, de fato, aquele dia foi um dia muito feliz para ambos. Mas, com o passar dos anos, nem ele nem ela se lembram mais daquele dia mágico e maravilhoso. Pelo contrário, as dificuldades da vida, a rotina do dia a dia e as mazelas do pó começam a pesar sobre as suas vidas de ilusão. E as desilusões entram pela porta da sala, juntamente com as doenças, com os problemas financeiros, com os filhos rebeldes, com o adultério, com as brigas e, por fim, com o luto. E, em meio a tantos problemas, o amor cria asas e sai voando pela janela. Porque aquela noite feliz do casamento perfeito, de sonhos e esperanças, passou como um dia qualquer de primavera, que nunca mais irá voltar — jamais.

Vaidade de vaidades, tudo é vaidade. Porque, nesta vida de ilusão, nem a alegria permanece para sempre, nem tampouco a tristeza — tudo passa e tudo muda. Porém, o homem se faz de cego e nega compreender o seu próprio destino. *"Não acumuleis para vós outros tesouros sobre a terra, onde a traça e a ferrugem corroem... [...] mas ajuntai para vós outros tesouros no céu, onde traça nem ferrugem corrói..."* (Mt 6:19-20)

Porque todos nós estamos morrendo desde o dia em que nascemos.

Não me diga que estas palavras não são verdadeiras.

A beleza da mulher mais linda do mundo passará — é inevitável para ela, de fato. Nem mesmo as cirurgias plásticas poderão conter o tempo.

É uma grande ilusão tentar lutar contra o tempo.

Melhor será aceitar as rugas e o declínio do corpo.

Assim como o talento de um atleta se perde quando ele envelhece — ele jamais será o mesmo. Nunca mais. Do mesmo modo, o dinheiro e o status do homem mais poderoso do mundo não poderão acompanhá-lo na sepultura; a vida passa, tudo passa, o homem passa — e as riquezas se perdem. Mas Deus permanece para sempre, e os que fazem a sua vontade também permanecerão. Como a Palavra do verdadeiro Deus nos mostra: *"E o mundo passa, com tudo aquilo que as pessoas cobiçam; porém aquele que faz a vontade de Deus vive para sempre."* (1Jo 2:17)

Mas Deus é o Criador; não estou dizendo que a criação de Deus não é boa. A criação de Deus é maravilhosa, e a vida é boa — porque Deus é bom. Mas os homens são maus, pois amam mais as obras feitas pelo Criador do que o próprio Criador — que tudo criou para eles. Amam a terra e tudo de bom que ela produz; amam suas vidas na terra, mas desprezam o Deus que criou todas as coisas. Porque o homem não dá a devida honra ao seu Deus e Criador; por isso, o Criador reduziu o pó à vaidade e o entregou a uma mentalidade reprovável e cheia de ilusão.

Eu admito que tenho baixa autoestima, mas creio que a minha autoestima subiria de nível se eu me tornasse um homem rico, trajado com roupas de marcas caras, no volante de um carro de luxo estilo esportivo, morando numa bela mansão ou num belo apartamento com móveis de primeira classe — ou, nos finais de semana, curtindo a vida no meu caríssimo iate. Ou viajando de jatinho particular, ou até mesmo namorando com a mulher mais linda das capas de revistas de moda.

De fato, isso elevaria o nível da minha autoestima.

Mas isso porque sou superficial, egoísta e cheio de vaidade.

Mas, para os supersticiosos, minhas palavras são como veneno.

Vaidade de vaidades, tudo é vaidade. Para onde o homem vai com tanta pressa e com tanta ilusão no coração, sendo que o seu fim é inevitável? O futuro do homem é muito fácil de prever — não se pode evitar o inevitável. Certamente, ele retornará ao pó, e do pó nunca mais se levantará. Meditando sobre tudo isso, cheguei a esta conclusão:

— *A vida eterna é a única coisa que vale a pena; e a vida eterna está no Senhor Jesus Cristo. E o mandamento do Senhor Jesus Cristo, é este:*

"Isto vos mando: que vos ameis uns aos outros." (Jo 15:17)

Sendo assim, se há um caminho verdadeiro que não está vinculado à vaidade e à ilusão, esse caminho é o amor. Porque o amor é o único dom que permanece para sempre, verdadeiramente. Como está escrito:

"O amor jamais acaba; mas, havendo profecias, serão aniquiladas; havendo línguas, cessarão; havendo ciência, desaparecerá. Porque, em parte, conhecemos e, em parte, profetizamos; mas, quando vier o que é perfeito, então o que é em parte será aniquilado." (1Co 13:8-10)

O amor é um caminho sobremodo excelente — o caminho perfeito.

Eu amo a Palavra de Deus por completo: tanto o Velho Testamento quanto o Novo Testamento. Pois o preceito do Velho Testamento é o mesmo do Novo. Vejo o amor de Deus em ambos. Falo isso porque há muita gente que faz confusão, pensando que o Velho Testamento foi abolido com o surgimento do Novo. Mas não: o Novo Testamento é a continuação do Velho, ou seja, é a consumação da Palavra de Deus.

Há, porém, muitas coisas que eram permitidas no Velho Testamento e que não são permitidas no Novo; isso porque, antes de Cristo, as pessoas não tinham a revelação da vontade de Deus por completo.

Hoje, porém, temos a revelação de Deus em sua plenitude, pois temos os preceitos e os testemunhos do Velho Testamento, e as revelações do Novo — temos a Palavra de Deus em sua totalidade.

Não há divisão: a Palavra de Deus é uma só.

O Velho Testamento completa o Novo, e o Novo completa o Velho.

Mas muita gente faz confusão; porém, o espírito que as Escrituras transmitem é um só. Porque as mensagens do Novo Testamento foram inspiradas nas mensagens do Velho Testamento. Há pessoas que não entendem porque não leem a Palavra, e acabam fazendo confusão.

E muitos, principalmente os incrédulos, dizem que o Deus da Velha Aliança é mau e vingativo — diferente do Deus da Nova Aliança.

É claro que isso é um grande erro desses tais pensadores mundanos.

Mas isso acontece porque eles leram a Palavra, mas não entenderam nada. São incrédulos e arrogantes; por isso, não têm o apoio de Deus.

Será que os liberais da fé sabem o que é o verdadeiro amor?

Estou certo de que o verdadeiro amor é seguir os mandamentos de Deus: *"Porque este é o amor de Deus: que guardemos os seus mandamentos; e os seus mandamentos não são pesados."* (1Jo 5:3)

Muitos querem distorcer a Palavra de Deus, dizendo que, para Deus, o que importa é o amor — independentemente dos pecados que cometemos. Isso porque o amor que eles pregam não é muito sincero.

Eles são contra todos os que denunciam o pecado, porque querem viver uma vida de libertinagem e usam o amor como pretexto.

Na verdade, um falso amor — porque o verdadeiro amor está em guardar os mandamentos de Deus. Se eu não faço a vontade de Deus, o meu amor não é sincero. Pois assim está escrito: *"O amor não faz mal ao próximo. De modo que o amor é o cumprimento da lei."* (Rm 13:10)

O que eles sentem não é amor, e sim empatia; eles pregam o evangelho da empatia, e não o evangelho do amor. Porque, se conhecessem o verdadeiro amor, andariam nos mandamentos de Deus e fariam a vontade de Deus. São hipócritas, que pagarão pelos seus ensinos libertinos. Seus ensinos são pura vaidade, pois querem mudar os preceitos fundamentais da Palavra de Deus, aceitando todo tipo de pecado em nome do amor — arrastando multidões para o inferno.

Porque a estratégia do diabo mudou mais uma vez: agora, sua nova estratégia é disseminar um falso amor, onde tudo é permitido — só não é permitido denunciar os erros e os pecados que Deus nos adverte em Sua Palavra. Porque, na consciência deturpada deles, denunciar os pecados gera ódio e preconceito — e isso, segundo eles, afasta as almas de Deus. Pois, para eles, as almas não precisam de ódio, e sim de amor — ou melhor dizendo, de um falso amor, que não passa de empatia.

Contudo, eu digo que Deus ama o pecador, mas detesta o pecado.

Mas muitos querem andar com Deus sem abrir mão de seus pecados — e isso é hipocrisia. Mas os cristãos do amor fingido são mestres em burlar os preceitos da Palavra de Deus; e, mais uma vez, eu digo: eles fazem isso em nome do amor. São hipócritas, mas fingem não enxergar que são hipócritas. Pois o Senhor Jesus disse: *"Se alguém quer vir após mim, a si mesmo se negue, dia a dia tome a sua cruz e siga-me."* (Lc 9:23)

O que isso quer dizer? Quer dizer que, se você é homossexual, negue a sua homossexualidade e siga o Senhor; se você usa drogas, negue o seu vício e siga o Senhor; se você é ladrão, pare de roubar e siga o Senhor; se você é uma prostituta, pare de se prostituir e siga o Senhor.

Enfim, negue as suas vontades carnais. Mas muitos não querem mudar e continuam tentando viver no Senhor e no pecado. Eles terão uma grande decepção após a morte, porque não querem passar pela porta estreita nem pelo caminho apertado. Preferem viver uma vida de libertinagem neste mundo de vaidade, que em breve passará. Isso sim é uma grande ilusão: trocar a vida eterna por uma vida mundana e passageira — por pura vaidade e por triviais prazeres momentâneos.

O que farão quando tudo acabar?

Vaidade de vaidades, tudo é vaidade.

Já vi homens discutindo acerca do dia do sábado e do dia do domingo; um dizia que o sábado era o dia do Senhor, o outro dizia que era o domingo. Mas, para mim, todos os dias são dias do Senhor.

Porque todos os dias eu preciso buscar ao Senhor, todos os dias eu preciso me santificar, todos os dias são dias de adorar e louvar o meu Deus. Não há mais um dia específico para se lembrar de Deus, como antigamente, quando Ele pedia ao povo que guardasse o sábado para se santificarem e se lembrarem de seu Criador. Mas Deus fez isso apenas para servir de sinal para aquela geração. Como está escrito: *"Tu, pois, fala aos filhos de Israel, dizendo: Certamente guardareis meus sábados, porquanto isso é um sinal entre mim e vós nas vossas gerações; para que saibais que eu sou o SENHOR, que vos santifica."* (Êx 31:13)

Porque tanto o sábado como o domingo, para aqueles que os consideram dias sagrados e especiais, são pura superstição e vaidade.

Guardar o sábado ou o domingo como obrigação religiosa, para mim, é idolatria — porque dia nenhum pode estar acima do Senhor.

Contudo, eu sei que muitos idólatras irão dizer: — *Como assim, idolatria? Se o próprio Deus pedia para o povo guardar o dia de sábado!*

Mas isso de guardar o sábado foi antes de Cristo. Porém, com a revelação do Senhor Jesus, isso mudou. Porque nada — nem o dia de sábado ou domingo, nem santo, nem anjo, nem deus, nem ídolo, nem homem algum — pode estar acima de Cristo. Como os adventistas do sétimo dia, que idolatram e cultuam o dia de sábado. Mas Jesus disse:

"O Filho do Homem é Senhor do sábado." (Lc 6:5)

Ora, se Jesus é Senhor do sábado, logo, Ele está acima do sábado.

Por isso, eu não preciso mais guardar o sábado, desde que eu faça a vontade daquele que é o Senhor do sábado — a saber, o Senhor Jesus.

Porque, para o bom entendedor, meia palavra basta.

Entenda isto: *"O Filho do Homem é Senhor do sábado."* (Lc 6:5)

No dia em que Ele disse isso, propositalmente fez seus discípulos colherem espigas; e fez isso para mostrar que a guarda do sábado estava abolida. Pois: *"O Filho do Homem é Senhor do sábado."* (Lc 6:5)

Como eu já disse: para o bom entendedor, meia palavra basta.

Todos os que guardam o dia de sábado descredibilizam as palavras do Senhor Jesus. Porque o que realmente importa é Cristo no meu dia a dia — pois Cristo está acima de tudo isso. Tudo o que está fora de Cristo é vaidade e superstição. O Senhor Jesus Cristo é o que importa.

Porque quem não anda pela fé, anda na vaidade.

Vaidade de vaidades, tudo é vaidade.

Capítulo 11

Sonhos

Dizem que sonhar não custa nada, e, de fato, não custa nada mesmo.

Há sonhos grandes e sonhos pequenos, sonhos bons e sonhos maus, sonhos possíveis e sonhos impossíveis. Há sonhos que, se realizados, podem custar muito caro; sonhos que podem custar a própria alma.

Neste caso, é bom abrir mão de tais sonhos.

Muitos dos meus sonhos foram frustrados, graças a Deus, porque muitos dos meus sonhos eram maus. Hoje eu sonho com algo melhor e mais nobre: sonho em ser aprovado por Deus, sonho em ser uma ferramenta nas mãos de Deus, sonho em ser um servo bom e fiel, sonho em perseverar em seguir o Senhor até o fim e alcançar a vida eterna.

Sonho com um novo corpo espiritual, que não se inclinará para o pecado; um novo corpo, diferente deste corpo terreno feito do pó da terra, cujo pecado está nas entranhas. Com que mais eu sonharia?

Sonho com a minha redenção. *"Igualmente gememos em nosso íntimo, aguardando a adoção de filhos, a redenção do nosso corpo."* (Rm 8:23)

Eu já sonhei tanto em minha vida, mas hoje pouco me importo se muitos dos meus sonhos não se realizaram. Mas este sonho de alcançar a vida eterna não pode ser frustrado. Eu até aceito as frustrações desta vida terrena, pois elas são passageiras; mas o que não posso aceitar são as frustrações eternas, que durarão para sempre. O arrependimento eterno será terrível, mas o mundo parece não se preocupar com isso.

Estou cansado deste mundo, estou cansado desta vida; às vezes, acho que já vivi tempo demais. As novidades do mundo são superficiais, são só vaidades, não há nada de bom; os prazeres do mundo me levam ao erro e à perdição. Estou cansado de guerrear contra a minha vontade carnal, cansado de guerrear contra o diabo, cansado de guerrear contra o mundo. Estou como o profeta Elias, escondido no fundo da caverna.

Mas sei que não estou pronto para partir. Tenho que continuar buscando o Senhor, tenho que completar a minha carreira, tenho que vencer e cumprir a minha missão; e a minha missão exige renúncia.

Não posso perder tempo sonhando com as coisas deste mundo.

Quando eu disse que não estou pronto para partir — isto é, para morrer — eu estou querendo dizer sobre todo o mal que eu plantei: é necessário que eu colha. Pois Deus é justo, e a salvação é coisa séria.

Sei que Cristo pagou o preço dos meus pecados, mas eu preciso fazer a minha parte. Estou falando da lei da semeadura, não estou pregando ilusão. Estou tentando abrir os teus olhos, para que você seja salvo.

Não estou dizendo que acredito em carma; estou dizendo que acredito na justiça de Deus e na Palavra da verdade; e a Palavra de Deus diz que eu não posso colher o bem praticando o mal.

"Entrai pela porta estreita; porque larga é a porta, e espaçoso o caminho que conduz à perdição, e muitos são os que entram por ela; e porque estreita é a porta, e apertado o caminho que conduz à vida, e poucos são os que a encontram." (Mt 7:13,14)

De fato, a porta é estreita e o caminho é apertado.

Sonhar não custa nada, é verdade, mas há sonhos que podem ser prejudiciais. Sonhar em obter fama, glória e riquezas deste mundo pode custar a salvação da alma; tais sonhos são mortais. Eu não preciso vender a alma pro diabo para ir para o inferno; não, basta eu me render aos prazeres do mundo e correr atrás dos meus sonhos egoístas — isso também me levará para as trevas. As pessoas são movidas por sonhos; sonhos são desejos e vontades. É preciso vigiar e tomar muito cuidado.

Cuidado com as tuas vontades, porque não se pode ter tudo.

Não podemos ter Deus e os prazeres do mundo. Ou eu sonho os sonhos de Deus, ou eu sonho os meus próprios sonhos; nisso o homem é provado. Os nossos sonhos podem ser perigosos. Mas, se eu julgo ser um homem de Deus, eu vou buscar as coisas de Deus e me satisfazer em fazer a sua vontade, ficando feliz em agradá-lo — isto é, em servi-lo.

Quem nunca ouviu esta frase: "E todos viveram felizes para sempre"?

Uma frase muito usada nas histórias de contos de fadas, e também é a moral do final de quase todos os filmes, novelas e séries. Mas, na vida real, no mundo em que vivemos, essa frase está longe de se tornar uma realidade — é algo que jamais irá acontecer. Mas não são poucos os que se entregam às fantasias e aos pensamentos e delírios mitológicos.

Todavia, em Cristo Jesus, essa frase se tornará uma realidade; porque nós, que estamos em Jesus Cristo, de fato, viveremos felizes para sempre. Mas, neste mundo em que vivemos, essa frase é um mito — nem sonhando, não é possível. Porque o fim de todos é a morte, e ela dói, e não traz final feliz. Porque esta vida, este mundo e este plano terreno são apenas um plano secundário; ainda não é o plano original do Criador, que só terá o seu início no fim do reino dos homens e na chegada do Reino de Deus, numa nova terra. Este plano em que vivemos atualmente é apenas passageiro e experimental; não é o plano original, é só uma prévia da verdadeira vida — que é a Vida Eterna.

A vida eterna no Reino de Deus é o plano original de Deus.

Este mundo é apenas um teste, para que sejam revelados os filhos de Deus e os filhos do diabo; e, de fato, tudo está sendo revelado.

Porque Deus não quer que haja mais uma rebelião em seu Reino, como já houve antes, quando o diabo e os seus anjos se rebelaram contra Ele. Por isso, Deus criou este plano terreno depois da queda do diabo. Deus não quis criar o homem como criou os anjos, seres espirituais. Se bem que o homem também tem espírito, mas primeiro vem a matéria, para que, na matéria — que é a carne —, sejam manifestadas as reais intenções da alma. Por isso, Deus criou um mundo novo, feito de uma matéria nova, diferente do plano celestial.

Deus criou a terra, e da terra formou o homem, e deu ao homem o livre-arbítrio, para que os bons e os maus fossem revelados; para que o próprio Deus pudesse assistir à vida e à conduta de cada um, e ver as escolhas feitas pelas almas. Para que não haja mais risco de haver outra rebelião no Reino de Deus, na vida eterna. Porque Deus é justo e dá oportunidade a todos; mas todos os que não se sujeitam a Ele aqui na terra, como homem, também não se sujeitarão a Ele no plano celestial, na vida eterna. E, à semelhança de Satanás, acabarão se rebelando contra Deus. E Deus não quer passar por mais uma rebelião, como aquela que houve antes do nosso tempo, quando o Dragão se rebelou.

Porque uma coisa é cometer maldade na terra, neste plano físico e secundário, pois aqui nós somos carne; mas outra coisa é cometer maldade no Reino de Deus, na eternidade, no plano celestial e original.

Pois este plano terreno em que nós vivemos é apenas um teste — tipo um protótipo. Por isso, não é a vontade de Deus que nos apeguemos a este mundo de ilusão; mas a sua vontade é que busquemos a vida eterna. _"Não ameis o mundo, nem o que no mundo há."_ (1Jo 2:15)

Porque todos os que creem em Deus e se sujeitam a Ele aqui na terra, suportando tentações, provas e tribulações por amor ao seu Nome, esses também se sujeitarão a Deus no plano celestial — na vida eterna.

Deus está à procura de almas que sejam dignas da vida eterna. Por isso, os homens não compreendem os planos de Deus, pois os planos de Deus estão além do nosso plano. Porque quem faz a vontade de Deus aqui na terra certamente também fará a vontade de Deus na vida eterna. E quem não faz a vontade de Deus aqui na terra certamente também não fará a vontade de Deus na vida eterna, no plano original.

Porque Deus odiou a rebelião do diabo e dos seus anjos — que eram a terça parte dos anjos de Deus — e não quer mais passar por isso. Por isso, Ele criou o homem, para preencher o lugar do diabo e dos seus anjos. Mas foi preciso elaborar um plano para que não houvesse outra possível rebelião — para que só os aprovados fossem salvos. Como está escrito: _"O cetro da impiedade não prevalecerá sobre a terra dos justos, para que estes não estendam as mãos para cometer injustiça."_ (Sl 125:3)

No novo mundo que virá após o Armagedom, não poderá haver almas rebeldes para atrapalhar o plano original de Deus, na eternidade.

Por isso, Deus está separando os peixes bons e os peixes maus: os maus para a perdição eterna, e os bons para a vida eterna — no Reino de Deus. Mas o homem tem o livre-arbítrio e pode escolher o seu destino. A Palavra de Deus diz: _"O reino dos céus é ainda semelhante a uma rede que, lançada ao mar, recolhe peixes de toda espécie. E, quando já está cheia, os pescadores arrastam-na para a praia e, assentados, escolhem os bons para os cestos e os ruins deitam fora."_ (Mt 13:47,48)

Mas, no novo mundo que ainda virá logo após o Armagedom, haverá homens de carne e osso, que se multiplicarão e encherão todo o novo mundo, sob o governo do grande Rei eterno, durante os primeiros mil anos. Este será um tempo indescritível; mesmo assim, muitos homens se rebelarão contra o Senhor — segundo revelam as Escrituras.

Porque Deus é bom e justo, e esta será a última oportunidade que Deus estará dando ao homem, feito do pó da terra, para que o homem seja fiel a Deus — que estará na terra, em Sião —, sem as tentações do diabo e sem a influência da Babilônia. Mas muitos homens não ficarão satisfeitos com o Reino de Deus; por isso, Deus libertará Satanás para enganar os homens, para que Deus destrua, de uma vez por todas, todas as almas rebeldes. Esta será a última rebelião, e o fim dos ímpios.

Esta revelação que eu recebi do Senhor está além do nosso tempo.

Deus me levantou para falar a verdade, e não a mentira.

Por que eu mentiria, se tudo o que eu mais quero é a vida eterna?

Cuidado: se os teus sonhos forem maus, você está correndo um grande perigo — ainda que seja membro de uma igreja. Porque a igreja não pode te dar nenhum título de salvação; a tua salvação é entre você e Deus. Não se engane. Porque Satanás também sonhou em roubar a alta posição de Deus — e olha no que deu. Por isso, Jesus disse:

"Porque muitos são chamados, mas poucos, escolhidos." (Mt 22:14)

Deus está provando a humanidade neste mundo secundário e experimental, para ver quem será digno de entrar na vida eterna, no plano original — no Reino de Deus. Sonhar não custa nada, de fato, mas tome cuidado com seus sonhos, para que não se tornem pesadelos.

Porque existem muitas vozes e muitas mensagens no mundo, incentivando as pessoas a correr atrás dos seus sonhos. E essas mensagens são bonitas e aparentemente boas, mas nem tudo que reluz é ouro. Essas mensagens que aparentam ser de luz podem, na verdade, ser mensagens da escuridão — como o bem estampado sobre a face do mal. Mas, se o teu sonho for bom e agradar a Deus, pode confiar, porque isto certamente acontecerá com você: *"Tu lhe concedeste o desejo do coração e não lhe negaste a petição dos lábios."* (Sl 21:2)

Porque Deus é bom — isso é inegável —, mas Ele também considera as nossas intenções. Se os teus sonhos têm boas intenções, Ele te ouvirá; mas, se os teus sonhos são puro egoísmo e vaidade, Ele não te ouvirá.

Todavia, existem aqueles que viram as costas para o santo Deus e dizem sem nenhum receio: — *Seguirei os meus sonhos, com Deus ou sem Deus; correrei atrás dos meus sonhos, porque o que importa é ser feliz.*

Eu, porém, digo a esse tipo de alma insana e rebelde: — *Se é isso que você quer, então vai fundo, porque esta será a tua recompensa nesta vida. Mas, além desta vida, você não terá mais nada — senão a morte.*

Aproveite bem o seu mundo!

Aproveite o seu pouco tempo de vida!

Corra atrás dos seus sonhos!

Porque Deus é bom e justo, e não impedirá a sua loucura — mesmo que você se perca. *"SENHOR, com tua mão, livra-me dos homens, dos homens mundanos, cuja recompensa está nesta vida."* (Sl 17:14)

Na verdade, todos nós temos muitos sonhos: sonhos grandes, sonhos pequenos, sonhos bons e sonhos maus. De fato, sonhar é de praxe.

Há sonhos simples e pequenos que são maus, e há sonhos grandes e ousados que são bons. Assim como também há sonhos simples e pequenos que são bons, e há sonhos grandes e ousados que são maus.

Há pessoas que sonham em se casar, em ter a casa própria, em conseguir um bom emprego etc. Esse tipo de sonho não é prejudicial e também não incomoda o Senhor, que nos compreende e conhece as nossas necessidades. Entretanto, também existem amantes que sonham que, um dia, o marido vai deixar a sua esposa para ficar com ela.

Isso é um sonho simples e pequeno, contudo é um sonho ímpio e perverso. Mas eu procuro rejeitar os meus sonhos maus e me focar apenas nos sonhos bons, pois todos nós temos muitos sonhos — isso nós não podemos negar. Mas, no meu caso, e se eu estiver sonhando e desejando que este livro se torne um best-seller? Isso será bom ou mau?

Acho que isso depende. Se eu estiver buscando apenas a fama e a glória dos homens, com ganância e cobiça, visando apenas lucrar com isso, o sonho é mau. Mas, se eu estiver apenas querendo fazer a vontade de Deus, transmitindo Sua mensagem e Sua vontade, o sonho é bom.

Eu preciso tomar cuidado para não confundir os sonhos bons com os sonhos maus. Moisés sonhava em entrar na terra prometida, mas Deus não permitiu que ele entrasse — isso por causa de um só erro que ele cometeu. Mas Deus tinha algo muito melhor aguardando por ele na vida eterna. E outra: Deus também não deixou Moisés entrar na terra prometida porque queria lhe dar descanso. Paulo também sonhava em ser solto da prisão para voltar a pregar o evangelho e rever os irmãos das igrejas; mas Deus também não permitiu que ele fosse solto.

Mas, como no caso de Moisés, Deus também tinha algo melhor esperando por ele na vida eterna — porque Deus é maravilhoso.

Pois a visão e o plano de Deus estão muito além deste mundo.

Todos os sonhos que temos nesta vida de ilusão não se comparam com o que Deus tem preparado para aqueles que o amam: *"Nem olhos viram, nem ouvidos ouviram, nem jamais penetrou em coração humano o que Deus tem preparado para aqueles que o amam."* (1Co 2:9)

Por isso, eu não vou perder o meu tempo sonhando com coisas desta vida. Mas vou sonhar em alcançar as promessas de Deus. Vou sonhar em alcançar a glória de Deus; e vou sonhar em ser remido e salvo.

Vou sonhar com Sião, com a nova Jerusalém, com a Cidade Santa.

Vou sonhar com a vida eterna na santa presença do meu Rei.

Sonhar não custa nada, mas eu preciso tomar cuidado com os meus sonhos e ter bom senso. Preciso entender e me colocar no meu lugar de servo, e me lembrar de que a resplandecente Estrela da Manhã é Jesus — e não eu —, porque não posso, de modo algum, querer brilhar mais do que o meu Deus. Falo isso porque existem muitos que amam a glória e o louvor que vêm dos homens, e querem ser tratados como estrelas. Por mais incrível que pareça, não estou falando apenas das pessoas do mundo — estou falando, principalmente, dos crentes.

Estes precisam acordar dos seus sonhos perversos.
Ou vivenciarão um grande pesadelo no inferno.
"Somente a ti, ó SENHOR Deus, a ti somente, e não a nós, seja dada a glória por causa do teu amor e da tua fidelidade." (Sl 115:1)
Esta mensagem também não é de praxe.

Capítulo 12

Caçadores de escândalos.

Está escrito — não sou eu que estou falando: *"Não nos julguemos mais uns aos outros; pelo contrário, tomai o propósito de não pordes tropeço ou escândalo ao vosso irmão."* (Rm 14:13)

Jesus disse que haveria escândalos, e que os escândalos seriam inevitáveis; e disse mais: disse que ai daqueles por quem viessem os escândalos. Pois Deus, diferente dos homens, detesta os escândalos. *"Ai do mundo, por causa dos escândalos; porque é inevitável que venham escândalos, mas ai do homem pelo qual vem o escândalo!"* (Mt 18:7)

Mas hoje, o que mais se vê na web são os caçadores de escândalos.

E não são pessoas ímpias, mas crentes que dizem ser homens de Deus. Eles gostam de ver um bom escândalo no meio evangélico, principalmente quando se trata dos crentes mais famosos: aqueles flagrados cometendo algum tipo de pecado, envolvidos em adultério, que assumem sua homossexualidade, que são vistos em baladas mundanas ou que pregam alguma heresia — e a lista continua.

Eu sei que há muitas coisas erradas acontecendo nas igrejas.

Também sei que eles não estão totalmente equivocados ao condenar essas situações no meio evangélico. Ou seja, não estão plenamente errados, mas também não estão plenamente certos. Quem sou eu para julgá-los? Mas, do mesmo modo que falam contra os erros dos outros, também falarei contra eles. Porque me parece que sentem prazer com os escândalos. Porque basta surgir um novo escândalo, para que saiam correndo a fim de expô-lo, permitindo que todos vejam e julguem.

Eles gostam de fazer comentários maldosos sobre os escândalos, visando alcançar ibope e reconhecimento — e dizem que, com isso, estão fazendo a obra de Deus. Mas, na verdade, enganam-se a si mesmos, porque não agem como justos, e sim como zombadores.

E há uma grande diferença entre o homem justo e o zombador:

"Quanto ao soberbo e presumido, zombador é seu nome; procede com indignação e arrogância. [...] Manda embora o zombador, e a briga acabará; o conflito e o insulto cessarão." (Pv 21:24) (Pv 22:10)

Eles gostam de ver o circo pegar fogo — e são eles mesmos quem armam a lona do circo. Desmoralizam e destroem a alma que cometeu o erro ou o pecado, envergonham a pessoa, expõem o escândalo, atiram a primeira pedra como se fossem perfeitos, como se nunca houvessem cometido erros. Mas eu pergunto: — *Será que eles nunca erraram?*

E quanto maior for o escândalo, mais prazer eles sentem em difamar.

São mercenários — só querem chamar a atenção das pessoas para si mesmos, só querem receber mais inscritos, mais visualizações e mais likes nos seus canais do YouTube. Querem ser seguidos em suas redes sociais, querem ver suas maldades sendo compartilhadas; mas são lobos em pele de cordeiro, porque eles amam o escândalo e a fofoca.

Como conseguem dobrar os joelhos para orar?

Como não conseguem ver que o que eles fazem é mau?

Será que a consciência deles não pesa?

Estão desmoralizando a igreja com suas zombarias, estão fazendo os pequeninos tropeçar; fazem piadas com os cultos, fazem piadas com os pastores, fazem piadas com a fé alheia, e ainda dizem que estão certos.

São homens arrogantes que não aceitam a correção, pois se acham justos aos seus próprios olhos, mas não enxergam seus próprios erros, maldades e impiedades. *"Quem zomba do pobre insulta seu Criador; quem se alegra com a calamidade não ficará impune."* (Pv 17:5)

Mas, de fato, aquele que provoca o escândalo não ficará sem punição; mas aquele que viraliza o escândalo através das ferramentas da internet faz muito pior. Pois estão minando as consciências fracas, estão desviando as ovelhas, estão fazendo o povo de Deus tropeçar.

Será que eles pensam que ficarão impunes? *"Serpentes, raça de víboras! Como escapareis da condenação do inferno?"* (Mt 23:33)

Parece até o título de um filme de terror — protagonizado pelos tais amantes da fofoca: "Caçadores de escândalos, ministério diabólico."

Mas, de fato, há muitas coisas erradas acontecendo nas igrejas, muitos falsos profetas, muitos picaretas, muitas coisas estranhas; mas o povo é enganado pela falta de conhecimento. Se estudassem mais a Palavra de Deus, com certeza as coisas seriam bem diferentes.

Não haveria tanto impostor tirando vantagem do povo.

Mas, se eu me considero um homem de Deus, o correto a fazer é procurar cobrir os escândalos, para que o evangelho e a obra de Deus não sofram prejuízo nem sejam desmoralizados. Mas os caçadores de escândalos querem expor os escândalos, e fazem isso com prazer; já virou uma coisa doentia. Eles não se preocupam com as almas ofendidas. Por isso, se você é um cristão e vive postando vídeos na web, tome cuidado com as coisas que você fala; cuidado para não pecar em público. Cuidado! Não dê motivos para eles difamarem a sua pessoa.

Gosta de se mostrar na internet? Então seja sábio com isso.

Porque os caçadores de escândalos estão à espreita, famintos, procurando escândalos para publicar em seus canais; se alguém vacilar, eles pegam a imagem da pessoa e expõem o escândalo, sem nenhum escrúpulo. Porque perderam o temor do Senhor, perderam o respeito pelo próximo, estão com a consciência corrompida e não respeitam mais ninguém. *"As palavras da sua boca estão cheias de maldade e engano; ele deixou de ser prudente e de fazer o bem."* (Sl 36:3)

Nem eu estou livre dessa corja, ainda que eu seja abstrato no mundo virtual; pois não tenho redes sociais, tampouco posto vídeos, nem procuro me promover nas plataformas digitais. Mas nem eu estou livre de ser alvo desses causadores de intrigas. Ninguém está livre dos caçadores de escândalos. Eles são os paparazzi do meio evangélico (gospel); são esfomeados por novos escândalos, pois vivem disso.

Será que eles não têm vergonha? Eu, no lugar deles, teria.

Mas é mesmo uma lástima, porque eles não ouvem ninguém.

Se eles não ouvem ninguém, por que iriam me ouvir?

Não, eles não irão me ouvir. É mais fácil eles me acharem e fazerem de mim uma piada de mau gosto do que me ouvirem, porque é isso que eles fazem com muitos. Existem ex-cantores gospel e ex-pregadores famosos que pecaram e se desviaram do Caminho da fé, e com isso também abandonaram os seus ministérios, voltando para o mundo.

E isso foi exposto na web, e foi um prato cheio para os caçadores de escândalos, que não pouparam as tais celebridades gospel, mas as massacraram. Esses cantores e pregadores viraram alvo de críticas tão pesadas, da parte dos próprios crentes, que pegaram ódio da igreja.

Acho muito difícil algum deles voltar a frequentar uma igreja algum dia. No entanto, eles podem se arrepender e alcançar a salvação, mesmo fora da igreja. Porque nós não somos salvos pelos templos cristãos, mas somos salvos pela fé em Jesus Cristo. Porém, foi pela exposição dos escândalos que o povo da igreja ficou sabendo, e as críticas começaram; de tal modo que eles pegaram raiva da igreja e dos crentes. E isso é vergonhoso para a obra de Deus — uma abominação.

Porém, os caçadores de escândalos não se intimidam e continuam fazendo a obra de Deus — ou melhor dizendo, a obra do Enganador.

Isso já virou uma praga incontrolável na seara de Deus. Porque sempre surgem novos protagonistas. Porque a internet é uma janela onde todos têm voz. E, por isso, surgem tantos picaretas e escândalos.

A ganância é o motivo de haver tanta safadeza no meio gospel (evangélico); são pregadores, são pastores, são cantores, são profetas etc. Eles enganam por vaidade e por ganância, iludem o povo de Deus por dinheiro. O dinheiro é a raiz de todo mal. Mas, quando Jesus veio ao mundo como homem, tudo o que Ele fazia, fazia para a glória do Pai. Mas, hoje, muitos pregadores e cantores servem a Deus buscando glória para si mesmos. Pois gostam de ser reconhecidos e considerados pelos homens, gostam da glória que vem dos homens e, principalmente, do dinheiro que sai dos seus bolsos. Sim, são como lobos devoradores.

Não são muito diferentes dos antigos escribas e fariseus.

"Porque vos digo que, se a vossa justiça não exceder em muito a dos escribas e fariseus, jamais entrareis no reino dos céus. [...] Pois o amor ao dinheiro é uma fonte de todos os tipos de males." (Mt 5:20) (1Tm 6:10)

Eu vejo tantas coisas acontecendo na internet, que, se eu fosse do mundo, a minha perspectiva de ir a uma igreja para aceitar Jesus seria muito pequena. Pois os escândalos estão matando a possibilidade de salvação para aqueles que são do mundo e não conhecem a Deus.

Porque há tanta confusão no meio evangélico, exposta pela internet, que acaba gerando dúvidas na cabeça de muitos. Eu mesmo, no início da minha conversão, tinha muitas dúvidas na minha mente, implantadas pelo diabo; não sei se eu teria suportado a pressão se, na época da minha conversão, fosse como hoje. Pois, através da web, eu vejo uma grande confusão acontecendo no meio evangélico — e onde há confusão, também há dúvidas. Por isso, eu sou contra os caçadores de escândalos, porque o fogo já está aceso; colocar mais lenha na fogueira, expondo os escândalos, não vai ajudar a obra de Deus em nada. Pelo contrário, só vai piorar — mesmo que eles estejam certos em alguns pontos. Pois não estão totalmente errados; o erro deles é expor os escândalos. Eu sei que não tenho moral nenhuma para falar sobre essas coisas, pois sou um pecador; minha luta contra o pecado é diária.

Repito: sou falho. Às vezes, eu tropeço devido à minha fraqueza.

Somos todos pecadores, somos carne — e a carne é fraca.

Todos nós estamos sujeitos a cometer erros, e todos nós erramos muito. Mas há muitos que não enxergam os seus próprios erros, porque estão ocupados demais se preocupando com os erros dos outros.

Será que dá para alguém acabar com a internet? Porque, se a internet acabasse, a escala dos escândalos também diminuiria drasticamente.

E isso seria bom para a obra de Deus. Mas isso não vai acontecer.

O Vale do Silício continuará prosperando cada vez mais.

A internet vai continuar crescendo — e os escândalos também.

Eu não queria dizer isso, mas vou dizer, é claro, sem generalizar; não sei se estou certo ou errado. Mas acho que a internet banaliza as pregações, banaliza os cultos, banaliza os testemunhos, banaliza os milagres, banaliza os dons de línguas, banaliza as verdadeiras profecias, banaliza a fé. Os ensinamentos bíblicos se tornam banais, porque a internet banalizou tudo. Acho que a velha evangelização feita de porta em porta, entregando panfletos nas ruas e falando do amor de Cristo, é muito mais eficaz do que a evangelização feita por meio da internet.

Porque tudo que é colocado na internet acaba se tornando uma coisa banal. Pois a internet banalizou tudo. Acho que nem as mensagens nem os milagres de Jesus seriam valorizados na internet. Porque, se o ministério de Jesus tivesse sido transmitido pelas vias do fácil acesso da web, o trabalho de Jesus teria se tornado uma coisa banal. Isso mesmo, como eu já disse: a internet banaliza tudo que é lançado dentro dela, de fato. Aliás, para não ser exagerado, a internet banaliza quase tudo.

Mas, se os portadores das más notícias do meio evangélico não fossem tão eficientes, não haveria tantas notícias de escândalos.

Mas os caçadores de escândalos estão na ativa, e eles não têm pretensão de parar, pois o povo gosta de uma boa fofoca. Está escrito:

"Depois de assim falar, acrescentou-lhe: Segue-me. Então, Pedro, voltando-se, viu que também o ia seguindo o discípulo a quem Jesus amava, o qual, na ceia, se reclinara sobre o peito de Jesus e perguntara: Senhor, quem é o traidor? Vendo-o, pois, Pedro perguntou a Jesus: E quanto a este? Respondeu-lhe Jesus: Se eu quero que ele permaneça até que eu venha, que te importa? Quanto a ti, segue-me." (Jo 21:19-22)

Pedro estava curioso para saber o que aconteceria com João, mas Jesus lhe repreendeu dizendo: *"Se eu quero que ele permaneça até que eu venha, que te importa? Quanto a ti, segue-me."* (Jo 21:22)

Ou seja, faça você a tua parte e pare de se preocupar com a vida dos outros. É isso que nós temos que fazer: parar de nos preocupar com outros ministérios e com os falsos profetas, e fazermos nós a nossa parte — isto é, fazer a vontade de Deus, pregando sempre a verdade.

Porque o povo é enganado porque quer, pois a Palavra de Deus está disponível para todos — até para os analfabetos que desejam aprender.

Porque agora também temos a Bíblia narrada.

Não há inocentes; o povo tem o que busca.

Repito: o povo gosta de uma boa fofoca, por isso os caçadores de escândalos continuarão com sua profissão de fofoqueiros; por isso o difamador continuará difamando, porque: *"As palavras do difamador são como doces e chegam ao íntimo do ser."* (Pv 18:8)

Porque os falsos profetas pagarão pelos seus erros e suas maldades; e aqueles que estão fazendo um circo com a obra de Deus também pagarão. Realmente existem muitos escândalos acontecendo e sendo expostos, mas, na minha opinião, é razoável manter a sujeira nos bastidores, para que o evangelho não seja denegrido e desmoralizado.

Mas agora, com a internet, isso se tornou uma missão impossível, porque todos querem expor as suas ideias, pois a internet abriu espaço para todos. Mas, se muitos querem se condenar fazendo fofocas, permanecendo no engano e na maldade, então que se condenem — pois ninguém é inocente, nem este que vos fala. É lamentável: mais uma notícia de escândalo no meio gospel (evangélico)! Isso sim é de praxe.

Capítulo 13

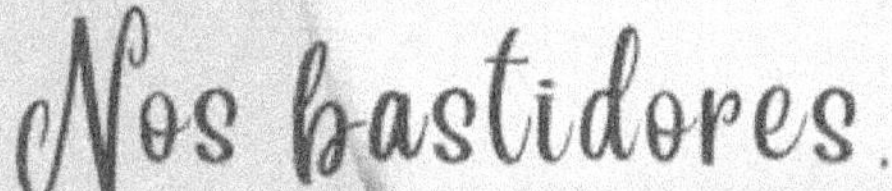

Eu estava ouvindo alguns testemunhos de pessoas que diziam ter sido arrebatadas até o céu; outras diziam ter sido levadas até o inferno, enfim. Testemunhos sobrenaturais, de pessoas que viram coisas sobrenaturais. Eu não duvido da veracidade desses testemunhos.

É claro que nem todos são verdadeiros, mas também nem todos são mentirosos. É difícil acreditar em tudo o que falam, porque os falsos testemunhos de fato existem, mas também existem os verdadeiros.

Certa vez, eu ouvi um testemunho tão forte que me pareceu ser verídico, porque o homem que contava o testemunho parecia expressar sinceridade, e eu creio que ele estava falando a verdade. Ele dizia que, certa vez, quando estava orando, viu chamas de fogo ao seu redor.

Ele também dizia que, em visões, viu um anjo. Também disse que foi arrebatado ao céu e viu Jesus, e também foi levado ao inferno e viu aquele lugar de tormentos. Fiquei com aquele testemunho na minha mente e comecei a pensar comigo mesmo sobre aquelas coisas que ouvi — e os meus pensamentos começaram a hesitar e a ficar confusos, tipo:

— _Será que Deus não me ama? Por que será que Jesus nunca me levou a ter uma experiência sobrenatural como aquele homem teve?_

E fiquei tentado a pedir ao Senhor que me mostrasse um sinal, que me fizesse ver o que os olhos comuns não podem ver. Então, eu pedi ao Senhor que me desse um sinal do sobrenatural. Algo como ver o céu, ver o trono de Deus, ou ser levado até o inferno, ou ver algum anjo, enfim. E esperei por um tempo; porém, eu não vi absolutamente nada.

No entanto, o Senhor falou ao meu espírito: _"Uma geração má e adúltera pede um sinal; mas nenhum sinal lhe será dado..."_ (Mt 12:39)

Então, eu fiquei envergonhado e me arrependi do pedido que havia feito ao Senhor. Pois pensei comigo mesmo: — _Quem sou eu para pedir um sinal ao Senhor? O que tenho feito de bom para o meu Deus? Sou apenas um servo inútil e um miserável pecador — o maior dos pecadores!_

Mas, depois, o Senhor falou outra vez ao meu espírito, por meio da sua santa e verdadeira Palavra, mostrando-me esta passagem: _"Porque me viste, creste? Bem-aventurados os que não viram e creram."_ (Jo 20:29)

Então, eu me lembrei de que o justo viverá pela fé, e não pelo que vê.

"Todavia, o meu justo viverá pela fé..." (Hb 10:38)

Deste modo, eu sosseguei o meu coração e fiquei em paz.

Entendi que o Senhor me ama, independentemente de Ele ter me mostrado, ou não, alguma visão extraordinária e sobrenatural.

Não é porque Ele escolheu algumas almas para lhes mostrar certas visões sobrenaturais que ama mais essas almas do que a mim, que não tive nenhuma visão. Por acaso estou com ciúmes do amor de Deus?

Longe de mim toda maldade e todo egoísmo! Pelo contrário, eu creio no Senhor mesmo sem vê-lo, e isso o agrada mais do que se eu apenas tivesse crido nele por ter tido uma visão celestial. _"Porque me viste, creste? Bem-aventurados os que não viram e creram."_ (Jo 20:29)

Porque o justo viverá pela fé, e não pelo que vê.

Mas, se o Senhor quiser me mostrar algo sobrenatural, que vai além deste plano terreno, eu digo a Ele que sim, eu quero ter visões celestiais.

Quem é que não quer ter visões celestiais?

Todavia, que seja feita a vontade do Senhor, e não a minha.

Pois sei que a vontade do Senhor é boa e justa.

Já ouvi também um testemunho antigo de uma mulher — tão antigo que, na época, estava gravado em uma fita K7. Nesse testemunho, a mulher dizia que estava orando quando, de repente, foi arrebatada para o Céu. Na época, eu até acreditei naquele testemunho, de uma mulher que falava fervorosamente, com tanta devoção e religiosidade. Mas agora, pensando bem, vejo que aquele testemunho não era verdadeiro.

Ela disse que viu, no céu, três tronos: um para o Pai, um para o Filho e outro para o Espírito Santo. Mas a santa Palavra de Deus nos revela que Deus é um só, e também nos revela que há somente um trono.

Como foi que ela viu três tronos, como se Deus estivesse dividido?

Pensando sobre isso, fiquei com a pulga atrás da orelha, pois não faz nenhum sentido. Porque, na verdade, há um só trono, onde o Pai se assenta juntamente com o Filho, à sua direita. Jesus se assenta com o Pai no mesmo trono, e o Espírito Santo também está no mesmo trono, pois habita no Pai e no Filho. Deus é um. O Pai, o Filho e o Espírito Santo trabalham juntos, agem juntos, operam juntos, ouvem juntos, falam juntos e tomam todas as decisões juntos. Quando o Filho é honrado, o Pai também é honrado — e vice-versa. Como está escrito:

"Quem não honra o Filho não honra o Pai que o enviou." (Jo 5:23)

Tamanha e perfeita é a união dos três, que se tornam um: um só Deus, em um só trono. O grande trono do único Deus vivo. Como está escrito: _"Ao vencedor, eu lhe concederei que se assente comigo no meu trono, assim como eu venci e me assentei com meu Pai no seu trono. [...] Vi um grande trono branco e aquele que nele se assenta... [...]_

Tendo os olhos fitos em Jesus, autor e consumador da nossa fé. Ele, pela alegria que lhe fora proposta, suportou a cruz, desprezando a vergonha, e assentou-se à direita do trono de Deus." (Ap 3:21) (Ap 20:11) (Hb 12:2)

Sempre que ouvimos falar do trono de Deus, ouvimos no singular, e não no plural — isto é, ouvimos trono de Deus, e não tronos de Deus.

E o que torna o Pai e o Filho um é o fato de possuírem o mesmo Espírito. Como eu poderia dividir Deus em dois ou em três, se o Espírito de ambos — do Pai e do Filho — é um? A santa Trindade vive!

Eu não posso aceitar a mão esquerda de Deus e negar a direita, como fazem os judeus; preciso aceitá-lo por completo, sendo Ele Pai, Filho e Espírito Santo — um só Deus. Foi assim desde o princípio e sempre será. No testemunho daquela mulher, também me lembro que ela disse ter sido levada ao inferno por um anjo. Estando lá, ela falava de umas tais salas onde as pessoas eram torturadas; cada sala teria um castigo diferente para cada tipo de pecado: uma para o pecado da prostituição, outra para o adultério, outra para o roubo, outra para o homicídio etc.

Mas ela deu uma ênfase especial a uma certa sala onde, segundo ela, estavam todas as mulheres que se depilam, cortam os cabelos, usam short e calça, brincos, batom etc. Quando me lembrei de ter ouvido aquilo, percebi que aquele testemunho não era verdadeiro. Vi que ela estava mentindo em seu relato ao envolver preceitos e doutrinas de homens. *"Tais como: não toques, não proves, não manuseies? Todas essas coisas desaparecem com o uso, pois são preceitos e doutrinas dos homens. Na verdade, esses mandamentos têm aparência de sabedoria em falsa devoção, falsa humildade e severidade para com o corpo, mas não têm valor algum no combate aos desejos da carne."* (Cl 2:23)

Isso é religiosidade. Ela estava tentando convencer as pessoas de que as doutrinas da sua instituição religiosa estavam certas. Ela não era uma serva de Cristo; servia às doutrinas da sua instituição, mas não servia a Cristo — porque quem serve a Cristo não inventa mentiras.

Por isso, ela dizia que quem se depila vai para o inferno, quem corta o cabelo vai para o inferno, quem usa brincos vai para o inferno, quem usa calça vai para o inferno, quem passa batom vai para o inferno etc.

Mas isso são doutrinas e preceitos de homens.

Coisas como se depilar, usar brincos, calça, bermuda ou batom não levam uma mulher ao inferno. É claro que a mulher de Deus, cheia do Espírito Santo, terá bom senso para se portar com decência e discrição.

Mas a mulher adúltera, que trai o marido, que vive falando mal da vida dos outros, que não anda com uma fé sincera diante de Deus, vivendo uma vida mundana — esta sim corre o risco de ser condenada.

Porque Deus não olha para o nosso exterior, e sim para o interior.

Por que será que alguns crentes mentem tanto?

O que eles ganham com isso?

Porque a mentira, sim, nos levará ao inferno.

Mas muitos, na igreja, querendo receber glória, prestígio, moral e reconhecimento que vêm dos homens, mentem descaradamente. É claro que eles buscam a fama para alcançar o lucro. Mas será que essas pobres almas não percebem que Deus está vendo que estão mentindo?

Sinceramente, eu não sei o que se passa na cabeça dessas pessoas, porque ela não está enganando apenas os seus ouvintes — está enganando a si mesma. Pobre alma dissimulada — ela precisa acordar!

De fato, existem muitas almas que, no palco, são uma coisa, mas atrás, nos bastidores, são outra. Há almas que têm aparência de santidade, mas é só aparência. Na igreja, ela ora, abre a Bíblia, canta, louva ao Senhor e abraça os irmãos. Mas, quando sai da igreja, se esquece de Deus e age com impiedade, transformando-se em uma alma bem diferente daquela que estava na igreja. Pobre alma dissimulada!

Se for para ser assim, então para que ir à igreja?

Será que ela pensa que a igreja irá salvá-la?

Será que é tão tola que não percebe que Deus está vendo tudo?

Ou será que ela está brincando com Deus?

Ou talvez seja como um bebê, que não consegue discernir entre o certo e o errado. Mas, se for assim, o lugar dela é no manicômio — e não na igreja. Ou talvez ela seja mesmo uma filha bastarda do diabo.

De fato, há muitas almas dissimuladas dentro das igrejas, muito joio no meio do trigo, muitos porcos no meio das ovelhas; que, quando estão no palco sob os holofotes, são um anjo de Deus, mas, atrás, nos bastidores, se transformam num demônio. Mas Deus está vendo tudo.

A quem ela pensa que está enganando? Está enganando a si mesma.

Pobre alma, quem irá despertá-la do sono da morte?

É como a parábola das dez virgens: cinco eram prudentes, as outras cinco eram insensatas. Já diz o ditado: — *Quem vê cara não vê coração.*

Quem vai saber quem é quem?

O coração do homem é uma terra que ninguém conhece, senão Deus.

Mas há uma grande diferença entre o justo e o ímpio, assim como também há uma grande diferença entre a doutrina da prosperidade e os ensinamentos de Jesus Cristo. Só não vê quem realmente não quer ver.

— *O que está acontecendo com a igreja?*

O que está acontecendo? Ora, é aquilo que foi revelado pela Palavra de Deus: *"Ainda que o número dos filhos de Israel seja como a areia do mar, o remanescente é que será salvo."* (Rm 9:27)

Porque não há nada que esteja escondido que não venha a ser revelado. Um dia, a cortina vai cair, e o que estiver atrás dela será revelado. Como no filme — O Mágico de Oz. Atrás, nos bastidores, atrás da cortina, é onde a sujeira acontece — e como tem sujeira acontecendo! É inevitável que os escândalos venham à tona. Mas, apesar dos escândalos, nós, cristãos, estamos do lado da verdade, porque Jesus Cristo é a verdade. Os judeus têm apenas meia verdade, e os muçulmanos não têm verdade nenhuma — apenas mentiras.

Mas nós, que cremos em Jesus, temos a verdade completa — temos o evangelho. Então, não seja um insensato, não brinque com a verdade, mas valorize a fé e a graça que te foi dada pelo sangue do Cordeiro.

Este mundo em que nós vivemos é um mundo de aparências, e nós sabemos que as aparências enganam. Porque há pessoas que dizem:

— *A minha vida é um livro aberto.*

Pode até ser um livro aberto — isso porque ela arrancou as páginas manchadas. E também já ouvi alguém dizer acerca do seu pastor:

— *Por ele eu boto a mão no fogo!*

Um tempo depois, ela já estava congregando em outra igreja e sendo apascentada por outro pastor. O que será que aconteceu?

Não sei e não quero saber — não é da minha conta.

Não preciso nem dizer: todos já sabem que Deus odeia fofocas.

Mas também sei que Deus julgará entre as ovelhas gordas e as ovelhas magras — e, principalmente, os lobos em peles de cordeiros.

E o que tem de lobos em peles de cordeiros não está escrito no gibi — é de praxe. A Palavra viva e verdadeira, do Deus vivo e verdadeiro, diz:

"Portanto, é Cristo quem consegue fazer uma nova aliança, para que os que foram chamados por Deus possam receber as bênçãos eternas que o próprio Deus prometeu. [...] Meus irmãos na fé, vocês que também foram chamados por Deus, olhem para Jesus..." (Hb 9:15) (Hb 3:1)

A Palavra de Deus fala acerca dos chamados.

Mas quem são esses chamados?

Será que Deus escolhe uns e rejeita outros?

Não. Deus chama a todos.

A questão é: será que todos ouvem a voz e o chamado de Deus?

A graça de Deus é para todos; todos recebem a oportunidade de ser visitados por sua graça. Existe um tempo determinado por Deus e, segundo a sua vontade, Ele visita cada ser humano, oferecendo-lhe a sua graça. Mas não são poucos os que rejeitam o seu chamado.

Mas que Deus chama a todos, Ele chama — pois Ele é bom e justo.

Quando a graça de Deus me visitou, eu ouvi o seu chamado, e sou grato ao meu Deus pela oportunidade que Ele me deu — graças a Deus.

Ninguém é melhor que ninguém. Por isso, não seria justo se Deus oferecesse a sua graça a uns e a privasse de outros. A prova de que Deus dá oportunidade até para os ímpios se chama Judas Iscariotes.

Ele recebeu a sua chance, mas não soube aproveitá-la.

Se não fosse ele quem tivesse traído Jesus, outro teria traído. Mas Judas Iscariotes teria ido para o inferno do mesmo jeito, porque ele era um filho da perdição. *"Na verdade o Filho do homem vai, conforme está escrito a seu respeito; mas ai daquele por quem o Filho do homem é traído! Para essa pessoa seria melhor se não tivesse nascido."* (Mt 26:24)

Da mesma forma, todos os que são chamados e não dão ouvidos à voz de Deus também se tornam um filho da perdição — como Judas.

Mas todos, em um dado momento da vida, são visitados pela graça de Deus. Falo isso porque acredito na justiça e na fidelidade Divina.

Porém, os filhos da perdição são o que são. Não há cura para isso.

Como está escrito: *"Ainda que tenhas compaixão dos maus, mesmo assim eles não aprendem a fazer o que é certo. Mesmo aqui, neste país onde o povo é direito, eles continuam a fazer o que é mau e não se importam com a grandeza de Deus, o SENHOR."* (Is 26:10)

Todos são chamados, mas nem todos ouvem a sua voz; muitos ouvem o seu chamado, mas são poucos os que são escolhidos.

"Examinai-vos a vós mesmos, se realmente estais na fé; provai-vos a vós mesmos. Ou não reconheceis que Jesus Cristo está em vós? Se não é que já estais reprovados." (2Co 13:5)

Mas bom mesmo é andar com Deus.

Àquele que é, que era, que há de vir, e que será eternamente — ao único Deus verdadeiro e digno de toda honra — a Ele seja o louvor.

Capítulo 14

Eu estava lá.

◆Sob a sombra da morte.

Eu estava lá, não obstante... Mas eu estava lá. Desde o princípio da sua vida, eu estava lá. E certamente também estarei te esperando no final. Na verdade, assim que você nasceu, eu acionei o meu cronômetro — o seu tempo de vida está acabando, não para de diminuir, e não há nada que você possa fazer. Infelizmente, pra você, eu sou o inevitável.

Eu estava lá; você não notou minha presença, mas eu estava lá.

No dia em que você nasceu, eu estava lá. Te peguei no meu colo, te abracei e sussurrei no teu ouvido: — *Um dia nós nos encontraremos.*

Sim, te digo que, mais cedo ou mais tarde, você me verá, pois não há como ninguém fugir de mim. Quanto mais você corre de mim, mais eu me aproximo de você; por isso, deixa de ilusão, pois não há escapatória.

Eu sou o seu futuro, e o seu destino como homem já está traçado.

As horas, os dias, os meses e os anos irão passar, mas eu não tenho pressa. Sou paciente como Jó — não tenho pressa. O tempo está do meu lado, pois sei que a relva do campo não pode escapar da minha foice afiada. Eu estava lá quando você ainda era uma simples criança inocente, quando você se machucou ralando o joelho, e vi quando você chorou como um bebê chorão. Eu estava lá e via o quanto você tinha medo do escuro — ou melhor dizendo, do Bicho-Papão. Mas, espero que tenha superado esse medo, pois minhas vestes também são escuras, e a minha face é um pesadelo — pior que o Bicho-Papão. E não quero lhe causar uma má impressão quando chegar o dia do nosso encontro.

Você sempre foi uma pessoa ingrata e egoísta — eu sei, ninguém me contou, eu vi, porque estava lá. Pode acreditar: eu estava lá, o tempo todo observando os seus dias de sol e os seus dias nublados. Eu estava lá, nos seus momentos de alegria e de tristeza. Você não notou, nem conseguiu ouvir os meus passos, mas eu estava lá — junto com você.

Te acompanhei como uma sombra todos os seus dias. O tempo todo eu estava lá — naqueles dias de luto e de saudade. Vi suas lágrimas molhando o seu rosto, mas não tive nenhum pingo de misericórdia.

É triste, mas as pessoas morrem. De fato, para mim isso é normal.

E, com o passar do tempo, as pessoas também mudam. As almas sempre mudam, mas eu sou a mesma desde a antiguidade. E foi a Serpente quem me apresentou ao homem. No mesmo dia em que ele mordeu o fruto proibido, ele também beijou a minha boca fria. Assim a humanidade me conheceu — quando se esqueceu do Deus Criador.

◆Sob a sombra da morte.

Desse modo, eu passei a fazer parte da vida de todos os viventes. Sou mais conhecida do que o Pelé, e mais famosa do que os Beatles. Porém, a minha fama não é nada boa, pois todos têm medo de mim.

A humanidade supersticiosa evita o meu nome e finge que eu não existo. Mas eu estou entrelaçada em suas vidas frágeis, pois ainda não conseguiram inventar uma fórmula contra mim — e nunca conseguirão inventar. Tudo que resta ao homem é a ilusão, pois eu nunca falho.

Sou como uma doença crônica: não há remédio nem cura para o pó.

Porque, como o Lobo Mau, assim que eu soprar, o pó se dissipará e deixará de existir. Pois, como eu já disse antes — eu sou o inevitável.

Mas eu estava lá, quando você ainda era uma alma simples e humilde. Eu estava lá e vi o brilho da ganância nos seus olhos gulosos.

Eu estava lá, quando você virou as costas para os seus amigos.

Eu estava lá, quando você se achou melhor do que todos eles.

Eu estava lá, quando você os insultou, chamando-os de fracassados.

Eu estava lá, quando você derrubou todos os seus inimigos.

Eu estava lá, quando você pensou que era um deus imortal; quando você se esqueceu de que era apenas pó; quando você se ensoberbeceu de vez. Eu estava lá, quando você se entregou à cobiça e à vaidade.

Eu estava lá e vi a sua grande ilusão.

Eu estava lá, quando você blasfemou contra o verdadeiro Deus.

Eu estava lá. Você não me viu, mas eu estava lá — passeando pelo seu belo jardim florido, rondando a sua mesa de jantar, observando a sua grande e exuberante piscina, junto com você na sauna, andando pela sua mansão, sentada à sua direita no seu automóvel confortável.

Sim, você não me viu, mas eu estava lá, viajando com você no avião.

Eu estava lá, te aplaudindo o tempo todo por suas conquistas. Meus parabéns — você soube mesmo ser fútil e superficial. Mesmo assim, eu me alegrei muito com o seu sucesso. Sim, eu estava lá, e vi o cifrão te escravizando, te fazendo trabalhar para o vento. Ficarei bastante feliz quando eu tirar tudo que você conquistou. O que é seu está guardado.

Estou te vigiando e esperando o seu tempo chegar — faminta e com água na boca — para tragar todos os seus planos e sonhos inúteis. Eu estava lá, e vi quando você alcançou muitas vitórias, muito dinheiro e muita glória. Realmente, você cresceu e adquiriu muito poder. Por isso, a sua partida será mui triste — mais triste do que a partida dos pobres.

◆ Sob a sombra da morte.

Visto que você é rico e tem muito mais a perder do que eles.

Aparentemente, você teve uma vida boa: uma família próspera, uma esposa fiel, várias amantes, filhos e netos. Entretanto, muitos que viviam ao seu redor amavam apenas o seu dinheiro e o seu status.

É lamentável, mas esta é a parte triste da sua história.

Eu sei porque vi. Sei porque eu estava lá. Em todos os seus dias, eu estava lá, te observando, contemplando a sua vida triste e vazia de aparências. De fato, o dinheiro te deu muitas coisas — menos a felicidade. Sua ambição é insaciável; chega a ser maior do que o meu apetite. E olha que o meu apetite é muito grande. Mas eu conheço almas que vivem com muito pouco, porém são mais felizes do que você.

Eu sei que sou temida por todos os moradores da Terra, pois não me canso de trabalhar, nunca estou farta. Mas não trabalho por dinheiro — trabalho por vidas humanas. Trabalho o tempo todo, sem parar.

Meu coração é gelado e duro como um iceberg. Não sinto piedade e nunca chego atrasada em meus compromissos. Diante de mim, todos gelam. Pasmem! Porque te conheço muito bem e sei que não está me esperando, mas vou te pegar de surpresa. Ainda hoje você irá sentir o meu hálito e, contra a sua vontade, vai entrar na minha carruagem.

(O sol nunca mais brilhará quando a escuridão te alcançar. No mais profundo abismo, a luz da manhã não mais haverá, e tudo ao seu redor será apenas cinzas. Meu manto te cobrirá na noite ardente...) *"Pois o salário do pecado é a morte, mas o presente gratuito de Deus é a vida eterna, que temos em união com Cristo Jesus, o nosso Senhor."* (Rm 6:23)

◆ Sob a luz da vida.

Eu estava lá. Sem mim, você jamais poderia vir ao mundo; é por mim que os pássaros cantam e as flores desabrocham. Eu estava lá e te proporcionei muitos momentos felizes de alegria. Eu estava lá. Você me sentiu, pois eu estava lá o tempo todo. Sou aquela que te faz respirar.

Sou aquela que te faz ser e viver. Você não amou o mundo nem o mal, por isso eu te guiei na minha luz e te ensinei a andar em paz, com sabedoria e prudência. Eu estava lá. Muitos me rejeitam, porém dizem que me amam; mas você não me rejeitou, pois escolheu o caminho da vida, da verdade, da bondade, da justiça, da misericórdia e do amor.

◆**Sob a luz da vida.**

Por isso, pela tua boa escolha, eu te recompensarei por toda a eternidade. Isso mesmo: você me terá para sempre — e para sempre será feliz; porque eu faço o bem, diferente da morte, que só faz o mal.

Eu te conheço. Eu estava lá, colocando sempre um belo sorriso no teu rosto. Eu estava lá para te fortalecer e te levantar nas horas difíceis.

Sim, eu estava lá, permitindo que mais uma alma nascesse. Eu sou desde o princípio e para sempre serei, e tenho como objetivo dar um fim à morte. Eu estava lá. Há mais de dois mil anos, a criação tentou matar o Criador; sim, tentaram matar o meu Autor. Mas como poderiam matar o Autor da vida? Não. O Autor da vida venceu a morte, continua vencendo e continuará vencendo até dar um fim à morte.

Eu estava lá, junto com você o tempo todo; eu sou a vida, o fôlego que procede do Deus Criador. Eu estava lá. O tempo todo eu estava lá, iluminando todos os seus caminhos e te fazendo o bem sem cobrar nenhum centavo. Eu só te fiz o bem, pois eu sou do bem. Na terra dos viventes ou na eternidade, não há bem melhor do que eu. Eu sou a vida.

A vida é o maior bem da humanidade; foi o meu Autor quem me fez assim, tão boa e preciosa. Pois eu procedo do meu Autor, que é Único e Maravilhoso. Igual a Ele não há ninguém — e nunca haverá. Não sou inimiga dos homens; sou inimiga da morte. O meu duelo é com a morte.

Felizes são aqueles que me encontram, porque só eu posso vencer a morte, assim como só a luz pode vencer as trevas. Entretanto, só existe uma Porta para você entrar e me encontrar, e esta Porta está aberta — esta Porta é o meu Autor. Seu nome é Jesus Cristo, o Autor da vida.

Na verdade, eu sou parte do meu Autor, do Filho de Deus, do Autor da vida; porque o Deus que me criou é a Vida — a Vida em Pessoa.

Sem Ele não há vida nem verdade; só há morte e mentira.

"Respondeu-lhe Jesus: Eu sou o caminho, e a verdade, e a vida; ninguém vem ao Pai, senão por mim." (Jo 14:6)

Sim, assim diz a vida: "Estou presente o tempo todo. Reflita nisto: aquele que buscar o meu Autor certamente me terá. Mas aquele que negar o meu Autor nunca me verá — o seu destino será a morte."

"Tragada foi a morte pela vitória. Onde está, ó morte, a tua vitória? Onde está, ó morte, o teu aguilhão? O aguilhão da morte é o pecado, e a força do pecado é a lei. Graças a Deus, que nos dá a vitória através do nosso Senhor Jesus Cristo." (1Co 15:54-57)

◆O narrador.

Falo do amor — mas não daquele amor expressado pelo cantor Djavan. Não falo desse tipo de amor, mas do verdadeiro amor que vem de Deus. Ele é o amor e a verdadeira vida — a vida eterna.

"Eu sou o caminho, e a verdade, e a vida..." (Jo 14:6)

Também falo da morte, para que você reflita sobre essa realidade.

Tanto a morte quanto a vida estão, o tempo todo, atuando no ser humano. Mas cabe a cada um de nós escolher o nosso destino.

Porque todos nascem com vida, mas, conforme o tempo passa, a vida diminui e a morte cresce — e todos se encontrarão com a morte um dia.

A pergunta que te faço é esta:

— *Você quer continuar tendo vida após a morte: sim ou não?*

Jesus Cristo é o único caminho que pode te levar à vida eterna. Sem Jesus, tudo o que te restará no fim será a morte. E a morte não é boa.

Mas a vida é boa, porque a vida é Deus, e Deus é bom.

(Atenção! Para os supersticiosos, esta mensagem não foi saudável.)

Capítulo 15

Um entre os muitos cânticos de Sião.

"Assim diz o SENHOR dos Exércitos: As minhas cidades ainda transbordarão de bens; o SENHOR ainda consolará Sião e ainda escolherá Jerusalém. [...] Pois eu lhe serei, diz o SENHOR, um muro de fogo em redor, e eu mesmo serei, no meio dela, a sua glória. [...] Canta e exulta, ó filha de Sião, porque eis que venho e habitarei no meio de ti, diz o SENHOR. [...] Cale-se toda carne diante do SENHOR, porque ele se levantou da sua santa morada." (Zc 1:17; 2:5,10,13)

Exaltado seja o grande Rei! Na sua luz nós andaremos por toda a eternidade. Nos alegraremos na sua bondade e cantaremos o seu amor e a sua fidelidade com ações de graças. O nosso Rei é perfeito; os alicerces do seu trono são a verdade e a justiça. Todos nós saciaremos a nossa sede na fonte das águas vivas e ficaremos satisfeitos. Comeremos o fruto da árvore da vida e teremos vida abundante por toda a eternidade. Sinta: o amor permanece, a alegria permanece, a vida permanece, a paz permanece. A felicidade é plena e perfeita; não há variações de humor, não há tristeza nem dor. Estamos vivendo dentro dos nossos sonhos, que, pelo nosso Deus, foram perfeitamente realizados. Estamos muito bem na casa do Pai, como nunca outrora estivemos. Porque a nossa cidade é formosa e imponente, por isso os nossos olhos brilham perplexos, contemplando tamanha beleza e perfeição. É indescritível. Sim, diz a noiva: é indescritível! O Noivo ama a noiva, e a noiva ama o Noivo; juntos, eles viverão um romance eterno — um doce romance eterno. Israel está em festa, pois o seu Redentor o redimiu para sempre, para que andem em sua santa presença e gozem da sua maravilhosa glória. A morte foi vencida; agora a vida paira pelo ar com tanta intensidade que podemos até tocá-la. Bendito seja o Rei, bendito seja o Deus que habita em Sião; alegremo-nos no santo monte. As árvores cantam e batem palmas, os montes e os vales assobiam de satisfação e alegria. A terra foi restaurada; o Senhor fez novas todas as coisas. Os povos andam sob a luz do Altíssimo; não há mais guerras nem homicídios. A retidão e a piedade finalmente prevalecem entre os homens. Nós nos congratulamos em Sião, na cidade santa e amada — a nova Jerusalém, a alegria de toda a nova terra. Estamos maravilhados!

"Mas tendes chegado ao monte Sião, à cidade do Deus vivo, à Jerusalém celestial, e a incontáveis hostes de anjos, à universal assembleia e igreja dos primogênitos arrolados nos céus..." (Hb 12:22-23)

Bendito seja o Rei! Bendito seja Deus! Pois Ele nos coroou de vida.

Capítulo 16

Para os céticos.

E agora, me diz: — *O que será de você?*

Você nunca acreditou em nada, senão no que os teus olhos viam.

Você, um ser tão inteligente, tão culto, tão capacitado e tão influente... O que aconteceu? Não conseguiu prever o fim de tudo?

Onde foram parar as tuas teorias?

Você, que se achava tão perspicaz e tão esperto — o que houve?

Não conseguiu enxergar a luz da verdade?

Muito pelo contrário, se escondeu nas trevas como um covarde.

Eis aí o seu belo mundo: desmoronou diante dos teus olhos, e você não pôde fazer nada. As canções de amor cessaram, não há mais festas, não há mais romance entre os casais, não há mais vinho nem alegria.

Os prazeres da carne não mais existem; o sonho acabou, o barulho de euforia se calou, o riso cessou, a luxúria findou — seus planos foram frustrados. A grande Babilônia caiu — e você caiu junto com ela.

Sua esperança entrou em óbito; não há mais cura nem salvação.

Sabe por quê? Porque você não acreditou na verdade, não se sujeitou a Deus, não creu em Jesus Cristo. Resistiu ao testemunho dado pelo Espírito Santo, resistiu à santa Palavra de Deus. Amou a mentira e odiou a verdade; amou as trevas e odiou a luz. Por isso, não há mais esperança para você. O teu mundo jaz — ou melhor dizendo, não existe mais. Não há mais futuro para a tua espécie ímpia. O fim chegou.

O reino dos homens ímpios acabou. A nova ordem mundial foi um fracasso total. Porque o Altíssimo se levantou do seu santo trono para se vingar e para julgar todos os moradores do mundo, que fizeram pouco caso de Deus e não lhe deram a devida honra e reverência.

Viva eternamente no vazio, porque foi isso que você escolheu.

As chamas ardem na escuridão; o tormento avassala as almas.

Esse é o teu lamento — e como lamento servirá.

Em breve, o Criador julgará todos nós.

Capítulo 17

O bem estampado sobre a face do mal.

Em uma obra, é necessário haver muitas ferramentas para realizar o projeto, mas nem todas as ferramentas são iguais. Já pensou se todas as ferramentas fossem martelos? Assim também Deus usa as suas ferramentas — que somos nós — de acordo com o andamento da sua obra. Cada ferramenta faz a sua parte nas mãos de Deus, e não há ferramentas que sejam mais importantes do que outras; todas são necessárias para que a obra seja feita. A chave de fenda precisa do parafuso, e o parafuso precisa da porca; o martelo precisa do prego para pregar a madeira, e a madeira precisa do serrote para ser serrada, enfim. Todas as ferramentas são importantes para o crescimento da obra, desde a mais relevante até a mais aparentemente irrelevante.

Assim é a obra de Deus: nem todos têm o mesmo dom, e nem todos têm o mesmo chamado. As ferramentas são diferentes umas das outras, permitindo que cada uma seja utilizada conforme a sua finalidade específica. Por isso, não pense que o teu dom ou o teu ministério é superior aos outros. Porque não é a ferramenta que faz a diferença, e sim o Arquiteto e Construtor da obra. Eu sei: não sou a melhor ferramenta, mas pelo menos tenho consciência disso — e essa é a minha maior virtude entre as poucas que tenho. E por ser tão inferior, por ter muitos defeitos e poucas qualidades, por ser tão inútil e negligente, acabo sentindo muito remorso — como uma tonelada esmagando o meu peito. E me vem à memória aquelas palavras ditas pelo Mestre:

"Ó geração incrédula e perversa! Até quando estarei convosco? Até quando terei de suportar-vos?" (Mt 17:17)

Até quando o Senhor me suportará?

Até quando estarei passando por um período Netflix?

Até quando andarei ocioso? Até quando sentirei remorso?

Quantos erros e quantos pecados eu ainda vou cometer?

Pra mim, já basta! Porque Deus não quer apenas remorso — Deus quer arrependimento sincero. Isto é: Deus quer a minha fidelidade.

Os dias são difíceis, e as noites são longas. Estou me afogando no desânimo. Sou um insensato, sou a escória. Não sirvo para nada, e para nada presto, senão para aborrecer o meu Deus com meus muitos erros.

Para isso, sim, eu sou bom — por isso, a minha dor é constante. Os meus pecados me quebraram! *"Eu sou pobre e necessitado; estou ferido no fundo do coração. Vou me acabando como a sombra do anoitecer; sou levado pelo vento como se eu fosse um inseto."* (Sl 109:22,23)

Este é o meu lamento, e como lamento servirá. Não há motivo algum para me vangloriar, nem para me orgulhar, senão para me lamentar.

Pois o pecado é uma carga muito pesada — pelo menos tem sido pra mim, não sei para outros. Mas eu prefiro ser sincero a ter que usar uma máscara para disfarçar minhas muitas faces. Pois o bem pode muito bem ser estampado sobre a face do mal. E esse tipo de coisa acontece o tempo todo neste mundo de aparências — de almas bem dissimuladas.

Como diz certo ditado popular: "Quem vê cara não vê coração."

As coisas estão ficando estranhas: o bem é tratado como mal, e o mal é tratado como bem. Isso porque os enganos não param de crescer.

De fato, o mundo jaz no maligno. É o bem estampado sobre a face do mal, como uma máscara. E a humanidade está aceitando esse tipo de coisa numa boa. Vou dar um pequeno exemplo: Há um tempo, eu estava assistindo a uma série cujo final foi bastante comovente, com uma mensagem aparentemente linda, boa, triste, emocionante, apaixonante — de partir o coração de quem está assistindo. Não era uma série de romance; na descrição, estava como uma série de terror.

Porque, às vezes, quando estou entediado, gosto de assistir a filmes e séries de terror, de vez em quando — só pra ver a imaginação, o engano e a ilusão que há na mente dos homens, que se privam da verdade e se entregam à fantasia. Assistir a essas coisas não é pecado para quem não tem a consciência fraca; porém, melhor eu farei deixando de assistir.

Mas, nessa série, não havia nada de terror — apenas as mesmas bobagens de sempre, que já não me assustam mais. Conheço a verdade e também conheço a mentira, e sei distinguir muito bem entre a ficção e a realidade — e fico admirado ao ver o quanto os homens superestimam o poder do mal. Grande é a ignorância desses cineastas.

Enfim, mas essa série, embora fosse uma série de terror, passava uma mensagem de amor: um romance que aconteceu no decorrer da série entre duas mulheres. (Isso mesmo, um romance entre duas mulheres.)

Eu esperava uma história de mistério e de terror, mas houve um romance lésbico, que foi se desenrolando e tomando forma, tornando-se uma trama bonita e gostosa de se ver. A história da série era tão bem elaborada, comovente e emocionante, que facilmente poderia persuadir a pessoa que a estivesse assistindo — até mesmo um bom cristão. E o perigo mora nisto: nas coisas aparentemente bonitas. Pois as mensagens aparentemente bonitas enganam muito mais do que as horripilantes.

Porque a pessoa que está assistindo, devido às circunstâncias que acontecem na série, acaba se emocionando e torcendo para que aquele romance abominável entre as duas mulheres acabe dando certo no final. E isso é o bem estampado sobre a face do mal. Até eu, que sou contra o homossexualismo — devido às Escrituras e não por preconceito — fiquei tentado a aprovar aquelas cenas de amor entre as duas mulheres. Sim, acabei ficando tentado a me emocionar com aquele romance homoafetivo abominável. Porque a série conseguiu estampar o bem sobre a face do mal, fazendo com que uma coisa errada se tornasse uma coisa correta, bonita, boa e moralmente plausível para aqueles que assistem. Não estou falando ao mundo; estou falando aos crentes.

E o cristão que não tem conhecimento e discernimento não consegue enxergar o mal no erro, e sim o bem no mal — porque o mal disfarçado de bem engana e deturpa todo bom senso. Mas quem anda na luz não se confunde nas trevas, porque Deus é fiel. Mas os homens se enganam facilmente — isso é de praxe. Assim como muitos confundem maldição com dom, como foi o caso do dom do famoso médium Chico Xavier.

(Aliás, no caso do Chico Xavier, eu posso dizer que foi um dom que se transformou em maldição — e esse tipo de coisa acontece muito.)

Embora ele fosse o meu xará, as crenças dele eram bem diferentes das minhas. Porque ele pensava que era um dom de Deus ver e ouvir os mortos, mas, para mim, não era um dom — e sim uma maldição.

(Ou melhor dizendo: um dom que se transformou em maldição.)

Porque, na verdade, ele não via nem falava com espíritos de pessoas que já haviam falecido, e sim com demônios, espíritos enganadores.

Ele poderia renegar tudo aquilo — todos os espíritos que apareciam para ele — mas não renegou; poderia se libertar da sua maldição, mas não se libertou. Pelo contrário, continuou acreditando que tinha um dom de Deus. E, na verdade, ele tinha um dom verdadeiro; porém, deixou-se guiar pelo diabo, e não por Deus — desse modo, o seu dom se transformou em maldição. Pois ele conhecia a Palavra de Deus — é claro que de uma forma bem distorcida, segundo a sua religião espírita — contudo, parece que ele escolheu ser enganado pelo enganador.

E aceitou o carma pesado imposto a ele pelo maligno.

Porque confundiu uma grande maldição com um grande dom.

Talvez por ingenuidade, ou por vaidade, ou por egoísmo — quem sabe? Só Deus conhece o verdadeiro propósito do coração do homem.

Mas eu acredito que, se ele usasse sua sensibilidade espiritual pela causa da verdade, da justiça, da fé e do verdadeiro evangelho, poderia ter sido um grande instrumento nas mãos de Deus. E por que não?

Mas eu creio que o seu ego falou mais alto; porque, embora ele tivesse boas intenções, errou ao dar ouvidos à voz dos demônios, em vez de dar ouvidos à voz do Espírito Santo. E acabou confundindo a luz com as trevas. Ou não foi uma confusão, e sim uma escolha.

Porque, entre a justiça de Deus e a inocência do Chico Xavier, eu fico com a justiça de Deus. Pois o coração do homem é completamente corrupto — mau e cheio de vaidade e egoísmo. *"O coração dos homens está inteiramente disposto a praticar o mal..."* (Ec 8:11)

Mas esta é a minha maior dúvida sobre o Chico Xavier:

— *Se ele era justo, então por que deu ouvidos à voz de tantos espíritos enganadores, mas não conseguiu ouvir a voz do Espírito Supremo?*

Será mesmo que ele não ouviu? Ou ele se recusou a ouvir?

Chico Xavier é um bom exemplo do bem estampado sobre a face do mal — que parece ser uma coisa boa, mas, na verdade, é uma coisa má.

Quem anda sob a direção de Deus não depende da sorte nem do acaso, mas sim da vontade de Deus. Mas quem rejeita o Senhor e a sua palavra, andando sob sua própria vontade, este sim está nas mãos da sorte e do acaso — e, no final, acaba caindo nos enganos do maligno.

Porque é como o Senhor Jesus Cristo disse: *"Quem não é comigo é contra mim; e quem comigo não ajunta, espalha."* (Lc 11:23)

Porque o homem é autodestrutível: ele mesmo condenará a si mesmo, pondo tudo a perder. Mas não podemos negar que o homem evoluiu e segue evoluindo — e isso está acontecendo porque, quanto mais se aproxima a volta de Cristo, mais o homem evolui. Porque Cristo é a ciência, a inteligência, a sabedoria, o conhecimento e o entendimento.

Por isso os homens sentem o efeito do avanço e da evolução, como um sinal do Deus Altíssimo e Todo-Poderoso, que está cada vez mais perto de voltar. Porém, o homem, por causa da sua pequenez, está perdendo o controle desta nave chamada Terra. Mas o seu orgulho é muito grande para admitir. Porque vai chegar o tempo em que Deus não tolerará mais a insensatez e a insanidade do homem; por isso, Deus entregará o homem nas mãos do anticristo, para punir a humanidade.

Porque o próprio homem, instigado pelo diabo, está preparando o caminho para o Armagedom, que acabará com o reino dos homens.

O mundo que os homens tanto amam e consideram ser seu ficará em ruínas por causa das abominações dos filhos da perdição. Porque os dons que Deus deu aos homens, eles estão transformando em maldição.

Mas nada assusta o orgulho do homem — isso porque o homem não consegue ver o mal que se disfarça atrás da máscara do bem, uma máscara que esconde a verdadeira face do mal. Mas eles conseguem ver o mal naquilo que é bom; transformam trevas em luz, e luz em trevas.

Estão todos confusos, como um cego no meio de um tiroteio.

Mas eu não tenho prazer nenhum nisso, porque o estado do homem é muito triste. Se pelo menos reconhecessem que são pecadores e que precisam buscar a salvação que está no Senhor Jesus Cristo, poderiam se salvar da morte eterna. Porque este mundo já está perdido, o fim está próximo — a única saída é esperar a chegada de um novo mundo, sob o domínio do Rei dos reis, onde o mal será extirpado e não precisará mais se esconder atrás de uma máscara, porque só haverá o bem.

Falo das coisas eternas — que estão muito além do nosso tempo.

Mas, enquanto isso não acontece, o bem continua estampado sobre a face do mal; e, para o mundo, o mal segue estampado sobre a face do bem. Mas há casos em que o feio se transforma em bênção, e o bonito se transforma em maldição. Como o meu caso: que sou feio, baixinho, pobre, fraco, maldotado e burro. Porque, se eu fosse bonito, alto, rico, forte, bem-dotado e inteligente, as mulheres me amariam — e isso iria me perverter. Seria impossível não ser amado, atraído e devorado pelo mundo. Mas há males que vêm para o bem. Graças ao Deus perfeito!

Dou graças a Deus pela minha feiura, pela minha fraqueza e pela minha incapacidade. Graças a Deus por eu ser o que sou — de fato.

Graças a Deus por eu ser um fracassado frustrado.

Isso mesmo: graças a Deus por não ceder aos meus caprichos.

Graças a Deus por não me conceder tudo aquilo que eu queria ter.

Graças a Deus por meus sonhos egoístas não se realizarem.

Pois eu sou um sonhador nato, e meus sonhos são exagerados.

De fato, tudo o que estou falando é uma loucura para o mundo.

Tudo o que estou falando é um absurdo para os cristãos de hoje.

Minhas palavras podem parecer negativas e depreciativas.

Mas não se engane, porque nem tudo o que parece ser mau é, de fato, mau — assim como nem tudo o que parece ser bom é, de fato, bom.

Porém, para a turminha dos cristãos _coaching_, eu sou um absurdo.

Mas o que eu falo, eu falo para aqueles que desejam a vida eterna; não falo para aqueles que desejam vencer na vida e no mundo, mas para aqueles que desejam alcançar a vida eterna. Tudo o que estou falando parece ser mau, mas, na verdade, é bom. Aliás, bom para aqueles que não confiam em si mesmos. Porque, para aqueles que confiam em si mesmos, essas palavras são más. Porém, o verdadeiro filho de Deus não confia em si mesmo. Isto é: aqueles que andam no Espírito não confiam na carne. Contudo, eu sei que a maioria não vai entender o que estou querendo dizer; mas alguns, guiados por Deus, entenderão. Para as mentes corrompidas pelas coisas deste mundo, a minha pregação e as minhas palavras não são sonhos — são pesadelos.

Porque, se eu fosse tudo o que eu queria ser, certamente eu iria me corromper, amando o mundo e me achando bom demais para Deus.

Certamente a arrogância iria me dominar por eu ser tão perfeito.

Não estou generalizando — estou falando de mim mesmo.

Mas o próprio Senhor disse o quanto é difícil um rico entrar no Reino de Deus. Ora, o rico é aquele que tem de tudo nesta vida: fama, dinheiro, força, saúde, beleza, carisma, capacidade e inteligência.

Porque os vencedores do mundo dificilmente buscarão o Senhor.

Como muitas mulheres lindas e formosas que receberam o dom da beleza — mas esse dom acabou se tornando maldição para muitas delas. Porque se perderam e continuam se perdendo por causa de sua beleza e de seus belos corpos esculturais. Por isso, não perca a esperança, porque há males que vêm para a nossa própria salvação.

Graças a Deus. (Esta mensagem também não é de praxe.)

Capítulo 18

O poeta e o profeta.

Disse o poeta ao profeta: — _Isso é só mais um romance cristão._

Então o profeta disse ao poeta: — _O Grande Mestre estará contigo e te ajudará no que for preciso; Ele é a fonte que irá te suprir e te inspirar._

"Então lá estava o poeta, ouvindo as palavras e vendo as obras do profeta, acompanhando-o à distância, observando, analisando e descrevendo a sua trajetória como um escritor hábil e talentoso."

Certo dia, o profeta se levantou e saiu, depois que orou pela manhã com os joelhos no chão e com a boca no pó. Deu graças ao seu Deus e buscou a sua santa presença, fez as suas petições, ergueu as mãos para o alto, contemplou a glória do Altíssimo, louvou e adorou o seu Deus, dando a Ele a devida reverência: — _Aleluia, louvado e exaltado seja o teu santo Nome, ó Deus santo, bendito, maravilhoso e eterno! Amém._

O profeta saiu a anunciar a palavra de Deus, mas o mundo não lhe dava ouvidos. Com o livro sagrado em suas mãos, ele ensinava ao povo palavras plenas de verdade, mas o povo fazia pouco caso de suas palavras; eram como palavras jogadas ao vento, porque ninguém lhe dava atenção. Sua mensagem entrava por um ouvido e saía pelo outro, pois a grande maioria do povo o ignorava — outros o tratavam como um louco. Alguns o ofendiam, o afrontavam, batiam no seu rosto e o expulsavam. Mas ele não guardava rancor em seu coração, pois se lembrava das palavras do seu Mestre. E sabia que o caminho para a vida era o amor, por isso sempre perdoava aqueles que o ofendiam.

Sim, ele aprendeu a ser como o seu Mestre — Jesus lhe ensinou isto: _"Ao que te ferir numa face, oferece-lhe também a outra; e ao que te houver tirado a capa, não lhe negues também a túnica."_ (Lc 6:29)

Mas alguns humildes e sábios recebiam suas palavras com o coração aberto — eram, porém, a grande minoria. No entanto, ele não desistia nem desanimava, porque sabia que estava fazendo a sua parte, transmitindo as palavras que Deus lhe havia mandado anunciar.

Disse o poeta ao profeta: — _Por que você perde tanto o seu tempo? Essas pessoas para quem você prega não estão interessadas em te ouvir. Elas zombam de você e te humilham; se sou eu no teu lugar, esqueceria dessas pessoas ingratas e deixaria de adverti-las. Se eles não querem te ouvir, deixe que vão para o inferno! Bem que eles merecem isso._

Porém, o profeta disse ao seu amigo poeta: — _Não, meu amigo, você só fala assim porque ainda não conhece o meu Deus, mas estou orando por você; e sei que a minha mensagem um dia entrará no teu coração._

Então o poeta se despediu do seu amigo profeta: — *Amém, meu amigo, continua orando por mim; até outro dia, tenho que ir andando.*

Então o profeta seguiu o seu caminho na santa presença do seu Deus, o seu melhor Amigo. O poeta, porém, chegou animado ao seu destino e, entrando no boteco, muito contente, saudou a todos — e exclamou:

— *Desce uma bem gelada, habibi, e não esquece a dose de conhaque! Porque hoje é sexta-feira e todo mundo já está festejando!*

O poeta era um bom homem, mas também resistia às palavras do seu amigo profeta, embora acreditasse em tudo que ele falava. Mas pensava consigo mesmo: — *Mais pra frente eu buscarei a salvação de Deus, mas, por enquanto, devo curtir um pouco mais as coisas prazerosas da vida.*

Naquela noite, o poeta se embriagou, se drogou, contou piadas, deu risadas, dançou e cantou uma bela mulher, e conseguiu levá-la para o motel; com suas palavras doces de um poeta, facilmente ele conquistava várias mulheres. Na verdade, ele trocava de mulher como trocava de roupa; todo fim de semana ele estava com uma mulher diferente.

Além do profeta, ele tinha muitos outros amigos, ganhava um dinheirinho por fora com suas poesias, mas tinha um bom emprego fixo, por isso não se preocupava com nada. De fato, ele fez da sua vida uma poesia, vivendo um romance com a vida. Todos gostavam do poeta; ele era extrovertido, amigo de todos e elogiado por todos. Todos o consideravam muito, e ele, por sua vez, também considerava a todos.

Porque o poeta conhecia a alma dos homens.

Mas o seu amigo profeta conhecia a Palavra do santo Deus, por isso negava a si mesmo no seu dia a dia. Ele também era amigo de todos e amava a todos que estavam ao seu redor, mas o seu amor não era correspondido. Porque muitos o consideravam como um fanático, mas as almas humildes, porém, gostavam dele. *"Bem-aventurados os pobres em espírito, pois deles é o reino do céu."* (Mt 5:3)

Todavia, os seus parentes não acreditavam nas suas pregações nem no seu chamado, porque o que ele falava machucava os seus corações.

As palavras do profeta eram como as batidas de um martelo, ao contrário das palavras do seu amigo poeta, que eram doces como o mel.

Pois o poeta se preocupava em agradar aos homens; o profeta, porém, se preocupava em agradar a Deus — essa era a grande diferença entre eles. Certo dia, o profeta estava clamando na praça, transmitindo a santa Palavra de Deus, e havia uma roda de pessoas ao seu redor.

Entre essas pessoas, havia um pastor de uma determinada igreja, que gostou muito de ouvir a pregação do profeta. Quando o profeta terminou a sua pregação, o pastor veio ao seu encontro e o saudou, dando-lhe a paz do Senhor. Convidou o profeta para pregar em sua igreja, e o profeta aceitou o convite. O profeta jejuava e orava, estudava a Palavra de Deus e buscava o Senhor com fervor; ele vivia uma vida de santidade na presença do seu Deus, amando ao Senhor sobre todas as coisas e amando ao seu próximo como a si mesmo, sem hipocrisia.

De fato, ele vivia pela fé e mantinha a esperança.

Por isso, Deus — o seu Deus — o amava tanto, porque ele também amava o seu Deus, colocando-o sempre em primeiro lugar sobre todas as coisas. Então o profeta chegou para pregar na igreja daquele pastor que o viu pregando na praça. O profeta louvou ao Senhor e invocou o seu santo Nome — o nome do Senhor Jesus Cristo. Quando ele orava pela igreja, de repente, a glória do Senhor veio sobre aquela igreja.

Então os que estavam possessos de demônios gritavam de ódio, mas o profeta os expulsava em nome de Jesus. Houve uma grande salvação naquele dia; muitos foram curados e libertos pelo poder de Deus.

Muitos se arrependeram e aceitaram Jesus através da pregação do profeta, e o profeta ficou muito feliz por ser usado pelo seu Deus.

A fama do profeta cresceu, por isso muitas igrejas o chamavam para pregar, e o profeta não rejeitava nenhum convite, nem cobrava para pregar e servir ao Senhor, seu Deus; pois ele trabalhava por amor, e não por ganância. Ele não acumulava tesouros na terra, mas acumulava tesouros no Céu — como o seu Mestre o ensinou a fazer.

E Deus supria todas as suas necessidades, e nada lhe faltava.

Mas o poeta também não acumulava tesouros na terra, nem tampouco acumulava tesouros no Céu; entregava tudo que ganhava nas mãos do Enganador, vivendo uma vida devassa de vícios e luxúrias.

Uma vez, o profeta viu um cientista se gabando e dizendo que a ciência não tinha fronteiras nem agenda, mas somente a verdade.

O profeta percebeu que o cientista se vangloriava, como se a ciência pertencesse aos homens. Mas ele sabia que a ciência vinha de Deus, e não foi uma descoberta do homem, e sim uma revelação de Deus ao homem — um presente de Deus aos homens. Ele não seguia a tendência do mundo nem dos homens, por isso também não sentia necessidade de usar terno e gravata — e isso incomodava muitos pastores tradicionais.

Porque sabia que Deus é imutável, mas os homens mudam de tempos em tempos; por isso, não conseguia imaginar Deus sentado no seu trono usando terno e gravata, atuando como os grandes executivos deste mundo. Para o profeta, essas coisas eram apenas preceitos e vaidades humanas. Sim, ele sabia que Deus não olhava para o exterior do homem, e sim para o coração — isto é, para o interior do homem.

O poeta ficou sabendo que o seu amigo profeta estava se destacando e ganhando fama, e ficou muito feliz com o sucesso do seu amigo profeta. A poesia fluiu em sua mente, e ele ficou com vontade de fazer uma poesia ao Deus do profeta. Disse o poeta ao seu amigo profeta:

— *Isso é só mais um romance cristão.*

Então o profeta disse ao poeta: — *O Grande Mestre estará contigo e te ajudará no que for preciso; Ele é a fonte que irá te suprir e te inspirar.*

O profeta ficou bastante feliz com a atitude do seu amigo poeta, lhe deu o seu apoio, o encorajou e disse: — *Esta vontade de compor um romance cristão, ou um poema ao Senhor, não veio de você, meu amigo, mas veio de Deus. Ele está batendo na porta do teu coração. Coloque a mão na maçaneta e abra a porta para o Senhor entrar, porque Ele quer fazer parte da tua vida. Saiba disso: ninguém te ama como o Senhor.*

Respondeu-lhe o poeta: — *Amém, meu irmão, ficarei feliz em escrever sobre o Criador; pois ultimamente tenho pensado muito acerca da vida, da natureza, do amor de Deus e da fé no Senhor Jesus Cristo.*

Aproveitando a oportunidade, o profeta lhe disse:

— *Quer aceitar o Senhor Jesus como o seu Senhor e Salvador? Eu posso orar por você agora mesmo; basta dizer "sim" para aceitar Jesus.*

Mas o poeta hesitou, pois não queria assumir um compromisso com Deus naquele dia: — *Me perdoa, meu amigo, acho que não estou pronto para isso agora. Mas continue orando por mim, quem sabe outro dia.*

Mas o profeta insistiu: — *Meu amigo, amanhã pode ser tarde demais. Não deixe pra depois o que você pode fazer hoje. Jesus é a sua salvação.*

Mas o poeta resistiu: — *Sim, eu sei, mas eu tenho fé em Jesus. Só não estou pronto para assumir este tipo de compromisso no momento. Ainda sou muito jovem, quero curtir um pouco mais... Mas vai chegar o tempo.*

Então os dois se despediram e foram embora. Chegando em sua casa, o profeta orou pelo poeta e rogou ao Senhor para que tivesse misericórdia do seu amigo. Mas o poeta, ao se despedir do profeta, saiu correndo para chegar a tempo à festa na casa de um dos seus amigos.

O poeta ainda estava relutante e não queria se render ao Senhor, porque os prazeres da vida e do mundo ainda o dominavam, e ele não queria abrir mão desses prazeres. Embora admirasse o seu amigo profeta e também acreditasse em Deus, ele ainda resistia à voz do Espírito Santo e ao chamado do Senhor Jesus. Mas o profeta perseverava em servir ao Senhor, com a esperança da vida eterna pulsando em seu coração. Porque pensava consigo mesmo: — *Para onde eu irei sem o meu Deus? O Senhor Jesus é tudo que eu mais preciso.*

Mas o poeta continuava vivendo uma vida mundana de pecado.

Ele não amava Jesus o bastante para abandonar o erro; era apenas um simpatizante do Senhor Jesus e do amor de Deus — e nada mais que isso. Mas ele estava compondo alguns poemas para o Senhor e também estava escrevendo um romance cristão. E a sua inspiração para escrever, era o amor de Deus. Ele não era um homem mau, mas estava deixando a salvação escapar de suas mãos. E o tempo foi passando...

Certo dia, o poeta estava passeando pelas ruas da grande metrópole e viu o seu amigo profeta anunciando a palavra de Deus. De longe, ele parou um pouco para ouvir a mensagem; seu coração ardia e seus olhos lacrimejavam. Mas o poeta relutou contra o Espírito do Senhor Jesus, seguiu o seu caminho e, mais uma vez, virou as costas para o Deus fiel.

De repente, o celular do poeta tocou. Então ele atendeu.

Era Jezabel, uma das suas amigas da vida noturna, o convidando para sair pra balada. Empolgado, ele disse a Jezabel: — *Demorô! Já estou indo, não começa a festa sem mim. Te amo, amor da minha vida.*

Naquela noite, como sempre, ele tomou todas e se embriagou, usou drogas, desfrutou dos prazeres da vida mundana e, mais uma vez, acordou em um quarto de motel com uma bela mulher ao seu lado.

E o tempo foi passando...

Já fazia um bom tempo que o profeta não via o poeta, pois viajava muito para pregar a Palavra do Senhor. Ele estava curioso para saber como estava o andamento das suas poesias e do seu romance cristão.

O profeta procurou pelo poeta, porém não o encontrou.

Chegou a uma de suas amigas da vida noturna e perguntou sobre o poeta. Então a amiga do poeta respondeu à pergunta do profeta — mas a resposta da amiga do poeta perturbou o coração do profeta:

— *Você não ficou sabendo? O poeta morreu em um trágico acidente de carro. Ele e mais dois dos nossos amigos saíram da festa embriagados.*

O carro em que estavam capotou na pista. Ninguém sobreviveu. Já faz mais de uma semana que isso aconteceu. O bairro todo ficou sabendo; a notícia do acidente passou até nos jornais. Pobre poeta, tão novo e com a vida inteira pela frente. Que Deus o tenha — pois ele era um homem bom.

O profeta ficou sem fala e, comovido, chorou como uma criança. Lamentou muito pela morte do seu amigo poeta.

Mas o seu Deus o sustentou na sua tristeza, e o profeta superou a sua perda. Porque a morte não era nenhuma novidade para o profeta — ele sabia que, mais cedo ou mais tarde, todos terão que passar por ela.

Mas a tristeza do profeta era saber que o seu amigo poeta partiu desta vida no pecado e perdeu a salvação. Oportunidade não faltou ao poeta. Ele não era um homem mau, mas o seu erro foi ter amado os prazeres da vida neste mundo que jaz no maligno. E, no final, o profeta não conseguiu ver nenhuma de suas poesias falando sobre Deus, nem o seu romance cristão, que ainda estava em fase criativa — senão alguns rascunhos de pouca importância. O que será que estava escrito em seus poemas e em seu romance cristão? Isso o profeta nunca soube.

O profeta seguiu em frente, cheio de vida, perseverando em fazer a vontade do Senhor. Porque ele encontrou o Descendente e, como Jacó segurou o anjo, o profeta segurou o Descendente e não deixou a salvação escapar de suas mãos — como o poeta deixou escapar.

O Descendente voltará — isso é mais do que certo. Mas quem irá com Ele para fazer parte de Sua família e de Sua descendência eterna?

◆Rascunhos do poeta.

01

Quem me dera ser...
Como aquele meu amigo,
Mas sou covarde demais pra isso.
Por isso me entrego à luxúria
E me afogo nos goles e nos tragos.
Vivo intensamente, corro como o guepardo,
Mas não consigo alcançar a vida.

02

De manhã bem cedo,
Estou virado do avesso.
Ontem subi às estrelas,
Hoje, sem eira nem beira.
Quanta bobagem...
Estou vendo miragem.

03

Bateram na minha porta,
Mas endureci o meu coração.
Então foram embora,
Eu me abracei à solidão.
De quem era aquela voz
Tão doce e tão suave?
Fiquei depreciado,
Viajando na cannabis.
A vida me pediu uma chance
Mas não ouvi o seu tinido.
Agora vivo num nuance
De um poema sem sentido.

04

De quem o profeta está falando?
A maioria parece não entender a sua mensagem.
Nem eu entendo de forma nítida.
É algo que parece meio nublado e fosco pra mim,
Pois não entendo muito bem,
Mas ele está falando de alguém.
O que é impossível para ele?
Ele renasceu do ventre de uma de Suas criações:
O Eterno e Todo-Poderoso,
Na forma de um pequenino e frágil bebê.
Quanta nobreza e humildade da parte do Criador!
Quão maravilhoso e inimaginável foi aquele ato!
Que obra esplêndida foi aquela!
Que Deus gracioso e amoroso é esse!
Quem é capaz de morrer e retornar à vida?
Quem é capaz de descer tão profundo,
Depois subir tão alto?
Quem é Ele, aquele que anda com o profeta?
Qual é mesmo o Nome do Seu Pai?
Será que eu sou digno de conhecê-Lo?
O profeta me disse que Ele me ama,
Mas será que sou merecedor do Seu amor?
Ele é água pura e cristalina,
Mas eu sou um vaso de barro encardido.
Ficam aqui minhas perguntas pairando no ar.

Capítulo 19
O Descendente.

"Ora, as promessas foram feitas a Abraão e ao seu descendente. [...] ao teu descendente, que é Cristo. [...] Sabei, pois, que os que são da fé é que são filhos de Abraão." (Gl 3:16,7)

Seu nome é Jesus Cristo, também conhecido como: Emanuel, Justo, Fiel, Mestre, Verdadeiro, Filho do Homem, Nazareno, Maravilhoso Conselheiro, Príncipe da Paz, Filho de Davi, Pai Eterno, Deus Bendito, Leão da Tribo de Judá, Rei dos reis e Senhor dos senhores, Primeiro e Último, Alfa e Ômega, Eu Sou, e o Descendente. *"Como também alguns dos vossos poetas disseram: Pois somos também sua geração."* (At 17:28)

Ele virá; o tempo da sua vinda está próximo.

As nações se lamentarão quando virem o Autor da vida vindo sobre as nuvens do céu com grande glória e poder. Então o mundo nunca mais será o mesmo; será o fim do reino dos homens. A justiça não há de falhar; o Descendente regerá as nações com cetro de ferro, e o sangue dos seus inimigos ficará salpicado sobre as suas vestes brancas e santas.

Tema e trema, porque o Dia está próximo!

"E ele mesmo as regerá com cetro de ferro e, pessoalmente, pisa o lagar do vinho do furor da ira do Deus Todo-Poderoso." (Ap 19:15)

Quando chegar a plenitude dos gentios, quando o tempo da graça terminar, quando os prevaricadores acabarem, quando o Reino de Deus chegar — depois de mil anos — o Dia do Juízo virá. Os profetas da Babilônia, que amam a glória dos homens, com suas bajulações e ganância desenfreada, terão uma grande decepção quando estiverem diante do Descendente. Então o Descendente lhes dirá: *"E por que me chamais Senhor, Senhor, e não fazeis o que eu digo?"* (Lc 6:46)

E para vergonha de todos eles, o Descendente ainda dirá: *"Nunca vos conheci; apartai-vos de mim, vós que praticais a iniquidade."* (Mt 7:23)

Porque os profetas da Babilônia deturpam o evangelho ensinado pelo Descendente; porém, os tais falsos profetas, em suas consciências corrompidas, acreditam que estão fazendo a vontade do Descendente.

Ou melhor dizendo, pensam que podem enganar o Descendente.

No Dia do Juízo, eles dirão ao Descendente: *"Senhor, Senhor, não profetizamos nós em teu nome? E, em teu nome, não expulsamos demônios? E, em teu nome, não fizemos muitas maravilhas?"* (Mt 7:22)

Mas, naquele dia, eles pagarão o preço de suas maldades, porque não estarão mais sob o tempo da graça; estarão sob o tempo do Juízo — e ficarão envergonhados quando seus segredos ocultos forem revelados.

Mas, por enquanto, estamos no tempo da Graça, por isso os profetas da Babilônia estão cheios de gracinha. Estão abusando da Graça, da maravilhosa Graça de Deus — sem censura e sem corte — e assim eles arrastam muitas ovelhas débeis e sem entendimento com seus enganos.

Vem subindo uma multidão, um grande rebanho de ovelhas sem nenhum conhecimento; desvairadas, elas abrem a boca e se alimentam das palavras dos profetas da Babilônia. São esbofeteadas, roubadas, enganadas e afligidas, mas não conseguem perceber que os seus pastores, os profetas da Babilônia, são lobos devoradores. Eles não buscam o bem do rebanho, nem o louvor ao Deus bendito; mas buscam glórias e riquezas para si mesmos. Mas o povo também não é inocente.

Porque há muitos artistas do mundo gospel (cantores e pregadores) que começam bem, servindo o Descendente em sua obra; porém, se corrompem com o sucesso. Mas a culpa não é inteiramente deles — é claro que eles têm uma boa porcentagem de culpa —, mas o povo e os líderes da igreja também têm uma boa porcentagem de culpa, porque exaltam esses artistas e corrompem os seus corações fracos e vaidosos.

Porque a carne é fraca e se corrompe facilmente.

E o cantor ou o pregador, percebendo a multidão que o segue, a ovação do povo e a grande quantia de dinheiro que recebe para se apresentar na igreja, não suporta a pressão e acaba caindo na perspicácia do Enganador, perdendo assim a sua pureza e integridade.

A verdade é que a própria igreja está levando muitos à perdição; ao invés de salvar, está corrompendo. Ao invés de ganhar almas para o Reino de Deus, está desviando aqueles que eram salvos para o inferno.

Porque o povo nunca perde o costume de ser idólatra.

Ah, mas Deus vai julgar esta casta de idólatras, que não sabem adorar ao Senhor e ainda desviam outros que estavam no caminho da retidão. Porque exaltam e corrompem muitos cantores e pregadores.

Mas é claro que esses tais cantores e pregadores também têm uma boa porcentagem de culpa. No entanto, a culpa não é somente deles.

Na verdade, os dois são culpados: tanto o ídolo como os idólatras.

Ninguém é inocente — nem o ídolo, nem os idólatras; nem mesmo eu, que vos falo, sou inocente. Todos nós prestaremos contas diante do Descendente, isso é mais do que certo — esse Dia chegará para todos.

Pois o sentimento de inveja se alojou em muitos crentes; basta surgir um novo sucesso gospel para que muitos desboquem em falar mal.

É claro que não é bom adorá-los; mas também não é bom falar mal.

Isso, para mim, é inveja — é o tal espírito de Balaão; ou melhor dizendo, a síndrome de Balaão. A verdade é que muitos estão com a língua solta — pararam de vigiar e precisam despertar e buscar a luz do Descendente, para que as trevas que os estão cegando sejam dissipadas.

Pois a luz do Descendente de Abraão dissipa toda escuridão.

Nós também precisamos aprender a discernir o tom das palavras, para não levar tudo ao pé da letra. Por exemplo: a Palavra de Deus diz que o diabo é o nosso acusador, mas o Senhor Jesus Cristo também disse: *"Não penseis que vos acusarei perante o Pai. Há outro que vos acusa, que é Moisés, em quem tendes esperança."* (Jo 5:45)

Mas é óbvio que há uma grande diferença no tom da palavra "acusador" quando se refere ao diabo, e no tom da palavra "acusador" quando se refere a Moisés — são tons distintos. Porque os tons das palavras variam — como o tom de uma cor, que também varia.

Vou dar outro exemplo: O apóstolo Paulo disse aos tessalonicenses: *"Na verdade, vós sois a nossa glória e a nossa alegria."* (1Ts 2:20)

Mas é claro que a glória e a alegria de Paulo, em primeiro lugar, era o Senhor Jesus, de fato. Mas ele disse aos tessalonicenses que a glória e a alegria dele eram eles — mas Paulo disse isso em outro tom. Ou seja, Paulo quis dizer que eles seriam a sua glória e alegria, mas isso na vinda e no Dia do Senhor Jesus. Precisamos ter discernimento para não nos tornar daltônicos quanto a isso. Falo assim para os simples, com o intuito de simplificar. Mas é claro que, para conseguir discernir melhor o tom das palavras, é preciso analisar muito bem todo o contexto do texto escrito. Os mais versados chamam isso de exegese e hermenêutica.

Mas, como eu sou um semianalfabeto, prefiro usar o bom senso que Deus me deu por sua misericórdia — isto é, prefiro pesar e medir os tons das palavras. Porque até mesmo os maiores doutores teólogos erram muito em suas interpretações bíblicas. Ninguém está plenamente correto em suas interpretações, pois a verdadeira interpretação é aquela que é revelada por Deus. Mas isso os teólogos analíticos não entendem.

Porque a arrogância acadêmica cega a verdadeira sabedoria.

Porque a Palavra de Deus é simples e espiritual, por isso não pode ser plenamente interpretada pela inteligência, pela capacidade, pela força e pela sabedoria humana. Por isso há tantas confusões nas religiões.

Pois os homens letrados e capazes não têm a simplicidade de Cristo.

Outros até têm simplicidade; porém, têm pouco estudo.

Enfim, sendo assim, a melhor coisa a fazer é não confiar no próprio entendimento, e sim confiar plenamente na direção e na revelação de Deus. Mas confundir o sentido das palavras é de praxe — e também é de praxe, para os arrogantes, continuar sendo arrogantes. É de praxe.

Mas não é de praxe, para o arrogante, reconhecer que está errado.

Por isso eu digo que nada sou e que nada sei; pois nada sei mesmo, só sei que o Descendente vive, e já se levantou do seu trono para vir buscar a sua noiva — isto é, a Igreja. Em breve, Ele voltará. *"Se alguém não ama o Senhor, seja maldito! Vem, Senhor!"* (1Co 16:22)

Os verdadeiros filhos de Abraão não estão em Israel, no Oriente Médio, porque os verdadeiros filhos de Abraão são aqueles que aceitam o Descendente de Abraão — ou seja, o Senhor Jesus Cristo. O único e verdadeiro Messias de Israel. *"Assim, as promessas foram feitas a Abraão e a seu descendente. A Escritura não diz: E a teus descendentes, como se falasse de muitos, mas como quem se refere a um só: E a teu descendente, que é Cristo. [...] E, se sois de Cristo, então sois descendência de Abraão e herdeiros conforme a promessa."* (Gl 3:16,29)

Estes são os verdadeiros judeus: os que seguem o Descendente.

E a verdadeira Jerusalém não está neste mundo — está no Céu.

Porque esta Jerusalém terrena é apenas um símbolo da verdadeira Jerusalém celestial. Assim como o tabernáculo erguido por Moisés era apenas um símbolo do verdadeiro tabernáculo que está no Céu dos céus: *"Ele ministra no templo do céu, o verdadeiro tabernáculo, construído pelo Senhor, e não por mãos humanas. [...] como Moisés foi avisado quando estava para construir o tabernáculo, porque lhe foi falado: Vê, faze conforme o modelo que te foi mostrado no monte."* (Hb 8:2,5)

Graças a Deus e glória ao Descendente!

Capítulo 20

Ao cheiro das águas.

— *Salva-me, meu Deus, pois eu confio na tua Palavra!*

"Há esperança para o teu futuro, diz o Senhor..." (Jr 31:17)

Quando eu pensei ser o meu fim, o Senhor mostrou sua fidelidade.

Todos os dias, o Senhor tem me livrado da boca do leão.

Todos os dias, o Senhor tem se compadecido de mim; a sua misericórdia nunca falhou, a sua fidelidade nunca me deixou, o seu amor nunca faltou, e a sua bondade nunca me foi negada.

Como não amar um Deus tão maravilhoso? *"Há um rio, cujas correntes alegram a cidade de Deus... [...] Toda criatura vivente que vive em enxames viverá por onde quer que passe este rio..."* (Sl 46:4) (Ez 47:9)

Ele refrigerou a minha alma, purificou-me em Suas Águas, e eu me deixei ser levado pelas correntes do Seu Rio. Minha cura e minha redenção não tardarão, pois confio no Deus que remirá a minha vida.

Estou convicto de que Ele virá para me socorrer; estou com fé para tocá-lo e receber o seu toque. Ao cheiro das águas, tudo se fará novo.

Ele me faz crer no inimaginável — me faz acreditar no impossível!

"Pois para uma árvore há esperança; mesmo quando cortada, volta a brotar, e os seus brotos não deixam de existir. Ainda que sua raiz apodreça na terra, e o seu tronco morra no pó, ela brotará ao cheiro das águas, e lançará ramos como uma planta nova." (Jó 14:7-9)

As minhas raízes precisam se aprofundar na presença de Deus, porque, de fato, eu sou uma árvore que precisa estar plantada à beira do Rio, cuja nascente está no trono do Deus eterno e ilimitado.

"Então, me mostrou o rio da água da vida, brilhante como cristal, que sai do trono de Deus e do Cordeiro." (Ap 22:1)

Esse Rio é o Espírito Santo, a perfeição da formosura.

Esse Rio é incomparavelmente incomparável. O que eu preciso entender é bem simples: Deus só me dará uma boa colheita se eu semear boas sementes. Boa semente, boa colheita; má semente, espinhos, abrolhos e ervas daninhas. Quero ser uma árvore plantada no jardim de Deus, uma árvore frutífera, para que o meu Deus se saboreie com os meus frutos. Quero andar na presença de Deus com sinceridade e com integridade, com lealdade e com fidelidade, com temor e com tremor.

Quero perseverar em seguir o Senhor na estrada para Sião.

Foi para isso que Ele me criou: para glorificá-lo, para ser um verdadeiro adorador, para louvar o seu Santo Nome e para servi-lo com retidão. O Senhor me criou para Ele, não me criou para o mundo.

Como os vinte e quatro anciãos, quero me prostrar e lançar minha coroa diante do Trono, e exaltar o Deus eterno e bendito, que lavou as minhas vestes com o seu sangue precioso e me fez andar de branco na presença do grande Rei. Ele reina desde Sião, reinará eternamente; seu reino é sempiterno. Ele vem com vestes santas, montado em seu cavalo branco, pela causa da justiça e da verdade. A este Rei eu servirei, a Ele eu me rendo por completo — indubitavelmente, sim. _"Deus é nosso refúgio e fortaleza, socorro bem presente na angústia."_ (Sl 46:1)

A tempestade sacudiu o meu barco, quase naufraguei, mas, ao som da voz do Deus forte e poderoso, a tempestade cessou, e a morte bateu em retirada. Andei sobre as águas até chegar em terra seca. O meu Senhor já estava me esperando ao lado da mesa que Ele mesmo havia preparado para mim, na presença dos meus inimigos; e os meus inimigos foram humilhados e envergonhados — pois o Senhor os envergonhou e os humilhou. _"Busquei o SENHOR, e Ele me respondeu; livrou-me de todos os meus temores. [...] Este pobre homem clamou, e o SENHOR o ouviu; livrou-o de todas as suas aflições."_ (Sl 34:4,6)

O Senhor é a minha porção e a minha herança, a minha força, a minha vitória, o meu poder, a minha glória e a minha vida. Tudo que eu preciso está em Deus, e só Deus pode suprir todas as minhas necessidades, desde a menor até a maior. Antes de conhecer o Senhor, eu andava pelo vale da sombra da morte; mas, agora que eu O conheço, ando sob a luz do Seu olhar — o olhar mais bondoso e misericordioso de todos os olhares. Nada se compara ao meu Deus, por isso a minha alma se inclina para Ele. Diante d'Ele, o mundo desmorona e perde o sentido, pois Deus é o verdadeiro sentido da vida — sem nenhum exagero. É Ele quem mantém todos de pé; se Ele soltar, todos desabam, juntamente com os seus grandes arranha-céus. Se Ele fechar os Seus depósitos de suprimentos, todos morrem de fome e de sede. Se Ele tirar a autoridade dos governantes, todos perdem o poder; se Ele tirar a coroa do rei, o rei se torna um plebeu. _"O Senhor estabeleceu o seu trono nos céus, e o seu reino domina sobre tudo."_ (Sl 103:19)

Ninguém recebe nada se do Céu não lhe for concedido, tudo vem de Deus; o Altíssimo reina sobre o reino dos homens, que pela bondade de Deus ainda está de pé, por enquanto. _"a fim de que os que vivem saibam que o Altíssimo tem domínio sobre o reino dos homens, e o dá a quem quer, e até o mais humilde dos homens constitui sobre eles."_ (Dn 4:17)

Porque o Senhor concretizará o seu plano, e nada poderá o deter.

Pois tudo já foi planejado, antes que o mundo se tornasse mundo, antes que o pó se tornasse homem, e antes que o homem se ensoberbecesse; tudo já foi decretado pelo grande Arquiteto e Criador.

Deus É, Deus Era, Deus Virá. Igual ao meu Deus não houve, igual ao meu Deus não há, igual ao meu Deus jamais haverá. O tempo para ele não existe, ele está acima do tempo, ele preenche o passado, o presente e o futuro. Ele é a nota mais bela da canção, ele é o tom mais lindo da cor, ele é o mais saboroso manjar, ele é mais alto do que o alto, e mais profundo do que a profundeza; ele é inexplicável, ele é Deus.

O universo não o pode conter, todo o universo se perde dentro da pupila de apenas um de seus olhos. Ele é a força, ele é o poder, ele é a sabedoria, ele é a ciência, ele é o conhecimento, ele é o entendimento, ele é a inteligência; ele é o amor, a fidelidade, a bondade, a justiça e a verdade. Tudo gira em torno dele, ele é Supremo e Soberano, ele está além do além; ele é o Amém. Ele é o Verbo, o início e o ponto final da história. *"Porque dele, e por meio dele, e para ele são todas as coisas. A ele, pois, a glória eternamente. Amém"!* (Rm 11:36)

Ele é o NOME, antes dele não houve e nem depois dele haverá nenhum outro nome. Ele é muito mais, muito mais do que eu possa imaginar; muito mais do que o homem possa contemplar e imaginar.

Ele mesmo disse — e estava falando a verdade: *"Isto é impossível aos homens, mas para Deus tudo é possível."* (Mt 19:26)

Se o Senhor disse que para Deus tudo é possível, é porque realmente para Deus tudo é possível; por isso não podemos compreender o seu poder e a sua grandeza, e nunca poderemos compreender. Porque Deus é o maior de todos os mistérios — a força que sustenta todo o universo.

Como eu não ficaria fascinado com este Deus?

Sim, o Senhor me fascina!

Sua maravilhosa graça e a sua misericórdia me basta!

Porque mesmo sendo o que É; o Senhor é simples, manso e humilde de coração. Tenho que admitir, sou mau, às vezes eu abuso da bondade e da fidelidade de Deus, na maior parte do tempo sou um servo egoísta.

Não sei fazer o bem, não sei orar como convém, não sei adorá-lo nem exaltá-lo, não sei lhe oferecer um louvor que seja digno e perfeito; pois nada que eu faça se compara ao que Ele fez e ainda faz por mim.

O Senhor merece muito mais do que tudo que eu tenho a oferecer.

"Sou pobre e necessitado; vem depressa em meu auxílio, ó Deus.
Tu és a minha ajuda e o meu libertador; não te demores em me socorrer, ó SENHOR Deus!" (Sl 70:5)

Eu não mereço o Senhor, nem sou digno do Senhor, mas, mesmo assim, Ele me acolheu. Como um pai que se compadece do filho, Deus se compadeceu de mim. Quando eu vinha andando pelo caminho, voltando para casa, de longe Ele me viu e veio correndo ao meu encontro. A sua fidelidade me alcançou, então Ele me abraçou e me beijou, recebendo-me com amor e bondade — não me julgou, nem me condenou, mesmo podendo fazê-lo. Me sinto lisonjeado por Sua graça!

Ele poderia ter me entregado às garras dos meus inimigos, para que eu fosse despedaçado e levado à Sepultura, mas não me entregou.

E eu sei que merecia receber todo esse mal, mas, em vez do mal, eu recebi o bem — por Sua maravilhosa graça. Agora eu sinto um frescor: são Suas águas passando sobre mim, são as correntes do Seu Rio me restaurando, me lavando, me purificando, me curando, saciando a minha sede, umedecendo as minhas raízes. As folhas verdejantes já começam a tomar conta dos galhos secos, a flor começa a brotar, e os frutos começam a surgir. Eu ergo minhas mãos para o alto e dou graças ao Deus da minha salvação, porque Ele está fazendo uma obra maravilhosa — e bem maior do que eu imaginava; e olha que a minha imaginação é bem fértil. Só mesmo pela Sua graça e misericórdia.

O meu tombo foi grande, mas graças a Deus que eu caí e dei com a cara no chão, ficando desmaiado por um tempo. Pior seria se eu tivesse caído e permanecido de pé, como se não houvesse caído. Porque são muitos os que caíram, mas permaneceram de pé — e agora estão desviando multidões para o mau caminho. Porque todos eles têm nome de que vivem, mas, na verdade, estão mortos. *"Conheço as tuas obras, que tens nome de que vives e estás morto."* (Ap 3:1)

Estão caídos, mas continuam em cima do palco, atrás do púlpito.

Continuam de pé, pastoreando o rebanho. O rebanho não tem entendimento e acaba sendo desviado pelo pastor corrompido, que agora é um lobo em pele de cordeiro — pois se recusa a se converter.

"Ai dos pastores de Israel que só cuidam de si mesmos! Acaso os pastores não deveriam cuidar do rebanho?" (Ez 34:2)

Pois o pastor está caído, mas não consegue admitir os seus erros, não consegue perceber que caiu há muito tempo — está cego pela escuridão.

E não somente pela escuridão, mas também porque é orgulhoso.

Mas eu, embora pareça estar morto, estou mais vivo do que nunca.

Porque tenho consciência dos erros que cometi; sei que preciso me arrepender para ser perdoado, sei que preciso mudar para ser restaurado; sei que preciso me humilhar, me lamentar e buscar a misericórdia de Deus — e já a tenho alcançado, graças a Deus.

Por isso eu digo que cair e permanecer de pé, desviando-se de Deus, mas não se desviando da igreja (falo dos líderes), é pior do que cair e se desviar para o mundo. Não estou querendo incentivar ninguém a se desviar para o mundo — não se desvie dos caminhos do Senhor, nem deixe de congregar em sua igreja. Porque isso certamente será fatal.

Só estou dizendo que cair e não se consertar com Deus, mas permanecer pastoreando as ovelhas, vivendo no pecado e ainda em cima do altar, é pior do que cair e voltar para o mundo. Porque quem cai e se desvia para o mundo tem a consciência de que precisa voltar, se arrepender, se consertar e pedir perdão a Deus por seus erros e pecados.

Mas o pastor que cai e não se desvia da igreja acaba pervertendo a Palavra, desviando as ovelhas que não têm conhecimento da Palavra de Deus. É a partir disso que surgem as heresias destruidoras. Porque começam a negar que o pecado é pecado, distorcendo a Palavra de Deus para viver uma vida mundana de libertinagem dentro da igreja.

É isso que está acontecendo em muitas igrejas.

Mas o Rio está passando, e aquele que ainda é sincero será alcançado pelas águas; mas os que estão com as consciências corrompidas não conseguem sentir o cheiro das águas, que continuam fluindo.

"Vem, todos os que estão caídos: ao cheiro das águas, mergulhem no Rio e sejam curados!" Pra que viver na seca, se você pode viver no oásis? Pra que ir para o inferno, se você pode ir para o paraíso?

Não seja mais um tolo louco. Melhor dizendo: não seja mais um insensato insano. Mas, apesar dos pesares, eu te trago uma boa notícia: o Deus que se compadeceu de mim também se compadecerá de você.

A salvação é pela fé, não pelas obras passadas, pois a graça esmaga a desgraça; pois onde abundou o pecado, superabundou a graça de Deus.

Diante do Deus Fiel eu me prostrarei. *Mas onde abundou o pecado, superabundou a graça... [...] Transbordou, porém, a graça de nosso Senhor com a fé e o amor que há em Cristo Jesus.* (Rm 5:20) (1Tm 1:14)

Sim, com muito prazer me prostrarei diante do Senhor da Glória.

Eu não mereço, nem você merece, homem nenhum merece; mas Deus é bom, e as Suas misericórdias duram para sempre. Toda manhã o sol nasce para todos, e as misericórdias de Deus também se renovam a cada manhã — e se renovam para todos. *"Porque as Suas misericórdias não têm fim; renovam-se cada manhã."* (Lm 3:22-23)

Seja judeu ou seja grego, seja homem ou seja mulher, seja rico ou seja pobre, seja afro ou seja alemão, seja feio ou seja bonito, seja gordo ou seja magro, seja forte ou seja fraco — Deus não faz distinção de pessoas, mas trata todos com igualdade. Ninguém é perfeito demais que não possa cair, e não há nenhum caído que não possa se levantar.

Por isso o Senhor Jesus Cristo disse: *"Mas muitos dos primeiros serão últimos; e os últimos serão os primeiros."* (Mt 19:30)

É melhor começar mal e terminar bem do que começar bem e terminar mal; mas o pior, para Deus, não é ser frio ou quente — e sim morno. Mas há esperança para nós, homens maus — meros pecadores.

"Vinde e raciocinemos, diz o SENHOR: ainda que os vossos pecados sejam como a escarlata, eles se tornarão brancos como a neve; ainda que sejam vermelhos como o carmesim, se tornarão como a lã." (Is 1:18)

Porque as águas do Rio curam e purificam — são um santo remédio para sarar qualquer ferida. As águas que brotam do Trono de Deus se transformam em um Rio. O Rio continua fluindo. Sinta o cheiro das águas. Sinta o Rio passar. Sinta a paz, o amor e a bondade de Deus.

"As águas do rio de Deus transbordam." (Sl 65:9)

Estou tendo uma epifania — e isso não é de praxe.

Mas vou falar o que sinto: — *Esta mensagem foi para alguém que eu não conheço, mas certamente vou encontrá-la na vida eterna, em Sião.*

Para o diabo, acabou. Ele tem pouco tempo. Mas para nós, ainda há esperança — pois ainda temos tempo. E isso deixa o diabo furioso.

Que assim seja: que o diabo fique mesmo furioso.

Que assim seja: que o domínio e a vitória pertençam somente a Deus.

Deus criou um novo caminho para mim, onde não havia nenhum caminho — Ele o fez aparecer. *"Respondeu-lhe o Anjo do SENHOR e lhe disse: Por que perguntas assim pelo meu nome, que é maravilhoso? [...] E o Anjo do SENHOR se houve maravilhosamente."* (Jz 13:18-19)

Deus maravilhoso Deus! Sinta o cheiro das águas. *"Ainda que sua raiz apodreça na terra, e o seu tronco morra no pó, ela brotará ao cheiro das águas, e lançará ramos como uma planta nova."* (Jó 14:8-9)

E não é um rio, nem uma água qualquer.

"Então, me mostrou o rio da água da vida, brilhante como cristal, que sai do trono de Deus e do Cordeiro." (Ap 22:1)

O que vou dizer agora não é de praxe, mas ouça — se suportar:

— Você sabia que o diabo é só mais um escravo do Senhor? Ele não sabe disso, mas ele é escravo — Deus o usa sem ele saber. E por mais que tente destruir a obra de Deus, o Altíssimo ri de suas maquinações; pois, quando chegar o tempo, seus planos maquiavélicos serão frustrados.

Eu nada sou e nada sei, nada tenho e nada mereço ter; só sei que estou vivo — e estou vivo porque Deus vive e me sustenta. — Senhor, faça-me segundo a tua imagem e conforme a tua semelhança, porque eu sou pó, sou barro — e o barro é moldável. *"Pois ele satisfaz a alma sedenta, e enche de bens a alma faminta. Quanto aos que se assentavam nas trevas e sombra da morte, presos em aflição e em ferros, por se haverem rebelado contra as palavras de Deus e desprezado o conselho do Altíssimo, eis que lhes abateu o coração com trabalho; tropeçaram, e não houve quem os ajudasse. Então clamaram ao Senhor na sua tribulação, e ele os livrou das suas angústias. Tirou-os das trevas e da sombra da morte, e quebrou suas algemas. Deem graças ao Senhor pela sua benignidade e pelas suas maravilhas para com os filhos dos homens! Pois quebrou as portas de bronze e despedaçou as trancas de ferro."* (Sl 107:9-16)

Assim está escrito, e assim eu creio que será:

"Ele remirá Israel de todas as suas maldades." (Sl 130:8)

O Senhor também me remirá de todas as minhas maldades.

Todos os bons méritos deste projeto sejam dados ao Senhor; quanto aos erros, podem jogar na minha conta. Aqui termina mais um testemunho do insensato que foi agraciado. Vem Senhor Jesus!

Continua...

www.ingramcontent.com/pod-product-compliance
Lightning Source LLC
Chambersburg PA
CBHW081937160726
47999CB00008B/2417